William Shakespeare

William Shakespeare
Una estética
de la noche

Henry Luque Muñoz

100
personajes • autores

PANAMERICANA
E D I T O R I A L

Luque Muñoz, Henry, 1944-
    William Shakespeare / Henry Luque Muñoz. — Bogotá : Panamericana
Editorial, 2004.
    148 p. ; 21 cm. — (Personajes)
    ISBN: 958-30-1445-0
    1. Shakespeare, William, 1564-1616 1. Tít. 11. Serie.
928.22 cd 20 ed.
AHU8499

    CEP-Banco de la República-Biblioteca Luis Ángel Arango

Editor
Panamericana Editorial Ltda.

Dirección editorial
Conrado Zuluaga

Edición
Adriana Paola Forero Ospina

Diseño, diagramación e investigación gráfica
Editorial El Malpensante

Cubierta: El famoso "retrato del arete" del poeta y escritor William Shakespeare. Circa 1600.
© Stock Montage • Getty Images.

Primera edición, noviembre de 2004
© Panamericana Editorial Ltda.
    Texto: Henry Luque Muñoz
Calle 12 N° 34-20, Tels.: 3603077–2770100
Fax: (57 1) 2373805

Correo electrónico: panaedit@panamericanaeditorial.com
www.panamericanaeditorial.com
Bogotá D. C., Colombia

ISBN 958-30-1445-0

Impreso por Panamericana Formas e Impresos S. A.
Calle 65 N° 95-28, Tels.: 4302110–4300355, Fax: (57 1) 2763008
Quien sólo actúa como impresor.
Impreso en Colombia
Printed in Colombia

"Tengo la certeza de que el sentimiento es un enemigo de la vida".

William Shakespeare

Shakespeare o la revolución enigmática

La pasión por conocer y ahondar en la vida de William Shakespeare proviene de la grandeza de su obra. Y de la urgencia de ampararnos en la literatura comparada para intentar establecer conexiones entre vida y producción artística, entre gestualidad humana y escritura. Shakespeare es el primero que verdaderamente se acuerda de la condición humana en sus rasgos esenciales y en sus matices más profundos, sin exigirle a los mortales parecerse ni obedecer a un modelo sobrenatural para tener un valor. Es como si antes de este dramaturgo nadie hubiera, cabalmente, amado ni odiado, soñado ni abrazado la desesperanza, ni ejercido la ambición, el poder o la venganza.

Para asimilarlo estamos obligados a exceder las categorías artísticas, así que no bastará ceñirse a las reglas convencionales del teatro: todo ha sido inventado de nuevo, como si hasta entonces la perfección estuviera plagada de defectos. Shakespeare demostró, en cierto modo, que el escepticismo crítico es la mayor de las virtudes intelectuales. Por ello, su lectura nos pone a prueba y examina nuestros fanatismos y prevenciones, nuestra disposición para la tolerancia, nuestra aptitud para convertir el cerebro y la sensibilidad en una amalgama alquímica desinteresada, capaz de competir con el estallido de la pólvora.

La construcción de personajes que parecieran no agotarse en la infinitud de mundos interiores que proponen o sugieren, el cultivo de un vocabulario sin fronteras y de una sintaxis temeraria, rompe en Shakespeare todos los esquemas, incluidas, por supuesto, la prisión verbal y el esquematismo con que sueñan las academias. La pérdida de la distancia entre la tensión del verso y la fluidez de la prosa procuró en sus páginas, entre tantos valores, un legado que enriqueció para siempre el arte dramático, la poesía y la literatura entera.

El dramaturgo y la literatura posible

Cada quien ha inventado un Shakespeare a su medida. El problema y la maravilla de asumirlo, tras el seguimiento fervoroso de sus obras, parece revelarnos que ante su ejemplo casi todas las figuras literarias ulteriores que teníamos por destacadas comienzan a palidecer y muchas veces se derriten como la cera ante el fuego impío. Figuras como Pushkin, Dostoievski, Tolstoi y Dickens, serían la excepción... Todo lo que creíamos descubrir como tocado por el esplendor en autores contemporáneos nuestros, ya estaba en Shakespeare, magnificado por la tragedia o la risa. Hay un método, entre tantos, para medir los alcances de un escritor: ponerlo al lado de nuestro dramaturgo, no para exigirle que lo supere, sino para determinar si ha conquistado algo de su fuerza o aprovechado la excelencia de sus recursos. El dramaturgo ha castigado involuntariamente a los escritores ulteriores, por la dificultad insalvable de colocarse a su altura; y ha mostrado el alcance de autores anteriores a él, al enseñarnos cómo engrandecieron su obra. Aceptar las influencias y ahondar en ellas es admitir la generosidad de los modelos y poner a prueba la aptitud para asimilarlos. Shakespeare nos ha transmitido, echando mano del gran aparato barroco, una percepción brutalmente realista y, al mismo tiempo —mucho antes del Romanticismo—, el espesor de un misterio embrujador y desmedido.

Cartografía de lo humano

La exageración barroca en Shakespeare apunta a una concreción del *pathos* en que las pasiones, un ímpetu volcánico, las paradojas, los contrastes, la extravagancia, el tejido de lo trágico y lo cómico en un solo tapiz narrativo, la sucesión y superposición de máscaras, el cruce naturalizado de sueño y fantasía, y el reinado de lo insólito apuntan a descubrir que la complejidad del hombre y de las acciones humanas encierran lo absurdo, y que la sencillez de la vida cotidiana acoge artificios camuflados. Podría pensarse que en sus páginas triunfa la omnipresencia de los extremos. La obra del dramaturgo nos abre el camino hacia una crítica de las apariencias. Shakespeare se aleja estéticamente de la opción medieval de juzgar moralmente a sus personajes —y en últimas al hombre mismo— pues ya la transgresión de lo sobrenatural no basta para sopesar las *caídas* del ser humano. Bajo la mirada humanista del Renacimiento, el abismo se ha ampliado, con lo cual la técnica barroca del claroscuro permite, por la fuerza brutal de los contrastes, sospechar —aunque no siempre comprender—, las sinrazones de la vida de los personajes que, en últimas, son también las sinrazones de la existencia misma. Esa nueva exploración artística y humana deja por fuera el facilismo y apunta a rediseñar la cartografía interior del hombre. No es necesario situarse por fuera de la religión para suponer que obras sagradas ejemplares envidiarían la inteligencia, el despliegue lingüístico y la aptitud sentenciosa de Shakespeare, ni suponernos tocados por el satanismo o el malditismo si afirmamos que en sus obras la maldad adquiere una estatura fascinante que, con frecuencia, hace parecer inicuos a los buenos —por debilidad, carencia o postura confortable—, y que lo caótico resulta prodigiosamente seductor, como si la genuina hondura del ser humano fuera un hueco sin fondo.

Biografía e imaginación

Una biografía de Shakespeare pareciera algo inútil por la dificultad de ingresar con claridad en sus enigmas, salvando la distancia temporal y espacial. Pero como en las *Vidas imaginarias* de Marcel Schwob, tenemos el deber de ejercer la sospecha y de organizar la imaginación. Ello no excluye cierta lealtad a la información histórica. Así, hay numerosas verdades sobre el dramaturgo, pero muchas de ellas difíciles de comprobar. Seguramente un biógrafo resulta siendo, en este contexto tan movedizo, un historiador de la imaginación.

Existen dos desdichas silenciosas pero tangibles en un candidato a escritor, en un autor ya publicado, en un hombre de cultura y en el ciudadano común: primero, no haber leído a

Shakespeare y, segundo, no haber asimilado su magisterio. Gracias a él, hemos comprendido que la inteligencia constituye la forma más alta de la gracia. Y que el conflicto tiene el don de la ubicuidad.

Este trabajo intenta avanzar sobre el terreno estable de certezas reconocidas, pero, sobre todo, se desplaza en el despeñadero de las hipótesis, pues en torno a la figura de Shakespeare las conjeturas han excedido el ámbito de las comprobaciones. Aceptados puntos esenciales y polémicos de biógrafos y críticos, no hemos evadido la responsabilidad de proponer, en lo posible, nuestro personal punto de vista, allí donde, con humildad no exenta de firmeza, hemos creído oportuno hacerlo. Inútil hablar de la vida de Shakespeare sin verla orgánicamente fundida a su obra y a su tiempo. La extensión concertada para este apretado volumen impidió que nos hubiéramos ocupado de nuevos temas. Es un punto de partida, nunca de llegada, que habrá cumplido su cometido si ofrece claves esenciales de la vida del autor y sugerencias básicas sobre algunas de sus obras, con la esperanza de que el lector se inicie en Shakespeare o profundice aún más en su prodigioso balance literario.

Dejar atrás la Edad Media no es tarea fácil. Shakespeare lo logró, no sin beber de ella, aguas para su ambición renovadora. Se ha reconocido en su obra el reiterado cultivo de la voz pasiva. El dramaturgo escribía en hojas sueltas. Las matemáticas, es obvio, no bastan en absoluto para explicar una obra, pero suele afirmarse que el Antiguo Testamento emplea 5 mil 600 palabras, la poesía de Milton cerca de 8 mil, la poesía homérica unas 9 mil y Shakespeare de 21 mil a 24 mil vocablos.

Las voces de la sombra

El misterio de sus orígenes

La universalidad de Shakespeare nos resulta tan abarcadora que sólo por comodidad biográfica afirmamos que es inglés, pues ha sido, cómo no, construcción de la humanidad. Biografías coinciden en señalar que sus orígenes precisables se remontan al siglo XIII, en los inicios de la baja Edad Media, cuando un William Shakespeare empezaría a configurar esa dinastía que se irá transformando con el tiempo, alterando barrocamente sus identidades. Aquel "Shakespeare" original, parece un personaje de las obras de su descendiente: terminó balanceándose en la horca, por ladrón.

Así, el punto de partida del dramaturgo, en el tiempo lejano, es apto para fomentar una leyenda negra. El apellido se escribía de indecibles e incontables maneras: Shakespert, Schakosper, Shexsper, Chacsper, Saxpere, Sadspere, Sashpierre, Shaksbye, Shaxbee, Shakeschafte, Shakstafte, Shakeschataff... Como se ve, un apellido tan cambiante terminaba reinventándose a sí mismo, como si se incomodara con una horma retórica fija. Shakespeare ha sido traducido como "Rompelanzas", con lo cual se le ha pretendido atribuir un dudoso e improbable origen marcial.

Un árbol genealógico remite, en sus antecedentes próximos, a un Richard Shakespeare, asociado a la localidad de Boudbrooke, donde se le veía hacia 1525, antes de que se trasladara a cultivar la tierra no lejos de Stratford, lugar donde era factible sentir a plenitud la vida rural y, por fuerza de una relativa cercanía, tener a Londres en la mira. Dos días y medio a caballo distaban de la capital. La imprecisión de las fechas de los antepasados del dramaturgo, certifica que no se trataba de una familia de linaje que pusiera cuidado en proteger la soberanía de los documentos parroquiales de nacimiento y de defunción, a fin de marcar los momentos esenciales de una estirpe y legar a sus descendientes una memoria fechada.

Un campesino de Stratford

Los orígenes cercanos de la familia de nuestro dramaturgo son rastreables. En un tiempo en que la mujer era feudalmente considerada inferior —sólo avanzado el Renacimiento, muy lentamente comenzaría a sacudirse de ese estigma—, al sencillo e hidalgo granjero Robert Arden debió resultarle incómodo haber fecundado en su mujer a ocho hijas. La común entrega a la tierra y una vecindad de lustros, propició el encuentro de la hija más joven del granjero, Mary, con John Shakespeare. El conocerse desde niños les hacía menos difícil imaginarse juntos.

El futuro padre del dramaturgo, consciente de que la familia Arden disfrutaba de holgura económica y de un nombre reconocido, no desdeñó colocarse de guantero en Stratford, para que su ansiada presa no se diluyera en el blanco móvil de la competición casadera. Un tal Juan Aubrey es el autor de la leyenda según la cual el padre de William fue carnicero. También fue, según se quiera, comerciante en lanas, catador de cerveza, consejero, alguacil, juez, tesorero y regidor o síndico... Tal vez como regidor mantuvo, según se nos dice, dos compañías de actores en Stratford. Mario Praz legitima casi todas estas posibilidades, vividas en experiencias sucesivas (Praz, 1975: 89).

El reconocimiento social y la comodidad económica de la novia le aseguraban a John un futuro, con el refuerzo de su propio progreso, forjado en los últimos años y que se traducía en tierras y casas. Así, el tiempo, el espacio, la holgura y la ambición los enlazaron.

No es difícil suponer que la peste que asoló a Inglaterra en 1563 irrumpiera en la nueva familia y se llevara tempranamente a sus dos primeros hijos. Mas ya esa calamidad contagiosa había sido desterrada, cuando nació en Stratford-upon-Avon —condado de Warwick—, el tercero, William, muy probablemente el 23 de abril de 1564, llamado Gulielmus Filius Johannes Shakespeare. Extrañamente, resolvería repetir esta fecha al morir un 23 de abril, con lo cual su vida tiende a dibujar un círculo que se cierra sobre sí mismo. Fue bautizado por el rito anglicano. Según una versión, en julio de ese año reaparecería la peste. El futuro dramaturgo viviría cincuenta y dos años, hasta 1616. Es útil añadir que las biografías y obras críticas, al referirse al credo imperante en tiempos ingleses de Shakespeare, utilizan casi indistintamente calvinismo, anglicanismo y protestantismo como sinónimos.

Los tiempos de Isabel

Shakespeare nació y vivió bajo uno de los gobiernos más audaces, polémicos e intensos de la historia de Inglaterra, presidido extrañamente por una mujer, Isabel I, en tiempos en que ésta tendía a cumplir una función ornamental, aunque, al mismo tiempo, iniciaba el largo camino hacia la emancipación. Ante la soberana se presentaría, más tarde, el dramaturgo como actor, para ofrecerle una de sus obras. La reina asumió, como veremos, no sólo el programa político —la Reforma— sino el vigor personal y la osadía de su padre, Enrique VIII, cuya sombra tutelar la acompañaría por siempre e influiría en los destinos del país. Una paradoja de su vida: fue mujer gracias a que se portó como los hombres, y en verdad casi como ningún hombre había logrado hacerlo, con lo cual corrigió la noción de debilidad que desdeñosamente les adjudicaban a las mujeres las doctrinas misóginas.

Shakespeare niño ingresó en el King's Free Grammar School, en años en que se frecuentaba en las aulas la Gramática Latina de William Lyly. La abundancia retórica era usual en la escuela, así como las declamaciones en latín. La educación era liberal. Se otorgaba importancia al cultivo de la memoria. Según el polémico comediógrafo Ben Jonson, no fue aquél adicto a las tan promovidas lecturas latinas y menos se interesó por el griego. Jonson era un autor notablemente ceñido al pseudoclasicismo renacentista y sufrió cárcel por su participación en *La isla de los perros*. Mirado el bajo rendimiento del pequeño William y su desinterés, sería fácil suponer que su inteligencia era corta y casi nula su voluntad de aprender. Pero la ignorancia no fue una estrategia shakespeareana. Y menos la pereza, legible en las obras que nos legó. A veces, la lucidez usa sus máscaras, mientras distrae a los incautos. "Shakespeare no prestaba atención a las unidades, mezclando desatinadamente la comedia y la tragedia en una sola obra, y en general parecía incapaz de comprender que las reglas literarias estaban hechas para ser obedecidas" (Chute, 1960: 177). Esta novedad se convertiría en una creación de alta eficacia. En cuanto a su estrategia de escritura, el dramaturgo acostumbraba no tachar sus papeles, dejando limpia la letra. No faltaron contemporáneos que dudaran de la eficacia de su tinta, sólo porque no corregía. Al parecer el genio nace ya corregido.

Shakespeare, el genio, no fue a la universidad. En las escuelas de la época isabelina se fomentaba el latín *puro* de Erasmo de Rotterdam, en tiempos en que el movimiento humanista estaba hondamente ligado a la renovación evangélica. "Con la representación de los diálogos de Erasmo por parte de la clase, Shakespeare daría sus primeros pasos en el arte del teatro" (Bate, 2000: 34). Las noticias nos informan que, de acuerdo con el rigor educativo renacentista de la época isabelina, se leía y traducía a los clásicos. Entre los estudiados figuran autores como Séneca, Terencio, Cicerón, Virgilio, Plauto, Ovidio, Horacio... Por otra parte, era usual que, para rendirle cuentas al pizarrón, William tuviera que redactar cartas en latín. Críticos sostienen que hay una probada y estrecha relación entre la formación que recibió el joven de Stratford con lo que se enseñaba en el currículo escolar. Así, Shakespeare no fue sólo invención de sí mismo: también sería una construcción isabelina. "La educación literaria es en la época isabelina una de las principales exigencias que un hombre elegante tiene que satisfacer. La literatura es la gran moda, y es de buen tono hablar de poesía y discutir problemas literarios" (Hauser, 1964, 1: 459). Ovidio fue uno de los autores que marcó significativamente al dramaturgo, sobre todo en obras como *Venus y Adonis* y *La violación de Lucrecia* (Astrana Marín, 1961: 39).

El nacimiento de una pasión

Contaba William sólo con cuatro años de edad, cuando tuvo frente a sus ojos una compañía teatral llamada "Los hombres del conde de Worcester". Durante la juventud del futuro dramaturgo —nos lo recuerda Emerson—, la Corte se indignaba con las alusiones políticas e intentó abolir los teatros. Pero la resuelta Isabel I salvó la pasión escénica del acallamiento definitivo. Datos históricos de tesorería atestiguan que entre 1573 y 1587, no menos de doce compañías teatrales, incluidas la de la reina y la de los principales condes de Essex y Leicester —devotos, cercanos a la soberana—, visitaron el lugar, con lo cual se podría suponer que la emoción teatral le llegó a William antes de que saliera de allí. Además, también es sabido que había en Stratford compañías de comediantes. La villa tenía entonces cerca de 1.200 habitantes, auditorio potencial, y por la orilla derecha de la población fluía el navegable río Avon.

Siglos más tarde, hacia 1930, había en el lugar once iglesias de las cuales sólo una era católica. Son bellas las descripciones turísticas del lugar pero debió ser —como se ha conjeturado—, un entorno sombrío, al modelar una personalidad como la del dramaturgo, sensible para siempre a los mundos espectrales de la noche y del abismo. Fue cerca de allí, en el río Avon, donde niño, vio ahogarse a una mujer llamada Kate Hamlet, quien se despidió de la vida por un mal de amores. La crítica asocia razonablemente esta experiencia luctuosa y el apellido Hamlet o Hamnet con la obra *Hamlet*. Este monumento escrito ha sido para las sensibilidades más exigentes y para la generalidad de los investigadores literarios, el *opus magnum* de la obra de Shakespeare y, para algunos, de las letras universales.

Al morir Isabel I, Jacobo I ya asumido el poder, concedió a los cómicos de Chamberlain —a los que la reina jamás había querido a su lado— el título de Comediantes de Su Majestad. El 19 de mayo de 1603, por un decreto real se autorizaba a "Lawrence Fletcher, William Shakespeare, Richard Burbage, Augustin Phillips, John Heminge, Henry Condell, William Sly, Robert Armin, Richard Cowley y al resto de la compañía, a practicar y ejercer libremente el arte y la facultad de representar comedias, tragedias, dramas históricos, interludios, moralidades, pastorales, piezas de teatro y poemas que para nuestro regocijo y diversión interpreten, y que nosotros tendremos a bien ver en nuestras horas de asueto..." (Citado por Jonvet, 1964: 36).

Shakespeare empezó como actor y se acomodó en el reparto de obras escritas por el mencionado dramaturgo Ben Jonson. El actuar en las tablas influyó en su creación: así podía imaginarse mejor cómo escribir en función de la representación. Su producción se agruparía en tres grandes bloques: comedias (trece), tragedias (diez), historias (diez). Se añadirían *Troilo y Cressida* y *Pericles, príncipe de Tiro*, que no se incorporarían a su producción sino a partir de 1664. Y los sonetos. ¿Era prestigioso entregarse a la representación escénica? El prestigio de los actores estaba entonces cubierto por un manto de sospecha: la ley los incluía entre los vagabundos. ¿Cómo apasionarse por el arte escénico si constituía un estigma social?

¿Matrimonio por conveniencia?

En 1578 comenzó a declinar la prosperidad económica del padre de William. Luego de una serie de peripecias económicas desfavorables —impuestos e hipotecas—, se vieron obligados a ceder las propiedades de María, la madre, situadas en Snitterfiel. Pocos años después, un hombre de apellido Brown los embargó y, al comprobarse que el padre de William carecía de bienes, se ordenó más de una vez su arresto. La circunstancia de que William Shakespeare probadamente se hubiera casado en 1582, a la fresca edad de dieciocho años, con una mujer ocho mayor que él, Anne Hathaway —hija de un labrador acomodado— desata interrogantes. ¿Ansiaba prolongar un sentimiento de protección materna al elegir una mujer mayor? ¿Quería el joven liberarse de su obligación de hermano mayor frente a cuatro hermanos? —Edmund, Richard, Joan y Gilbert— ¿Estaba enamorado y su corazón se lo impuso? Una versión señala que William estaba, en verdad, enamorado de otra mujer llamada Anne Whatelay y que se casó con la primera Anne sólo por compromiso.

Es común admitir que Anne Hathaway contrajo nupcias encinta y que el escándalo no pudo evitarse. ¿Derivaba de ahí el compromiso? Fueron enlazados en la capellanía de Luddington. El joven William se casó bajo el desdoro de la amonestación religiosa, a causa del embarazo de Anne. Algunos críticos han creído ver reflejada esta experiencia en *Noche de Epifanía* y en *La tempestad*. Anne esperaba una niña que se llamaría Susanna y vendrían luego los gemelos. El nombre del primer niño, Hamnet —quien llegó escoltado de una gemela, Judith—, nos evoca otra vez, inevitablemente, aquella denominación emblemática: Hamlet. Sólo esos tres hijos conoció Shakespeare, con lo cual se negó a seguir el ejemplo de sus padres de acompañarse con una familia más amplia.

El robo de ciervos

Se ha escrito que William debió marcharse a Londres por ser cómplice en el robo de ciervos. Y que fue perseguido. Ello le ocasionó verse acosado por Thomas Lucy, de Charlecote, miembro del parlamento inglés, contra quien, además, el dramaturgo escribió una agresiva balada que le sirvió, doblemente, para iniciarse en las letras y ejercer con agudeza la inquina. Si aquel robo existió, entonces el fugitivo simplemente era leal a la tradición iniciada por su antepasado medieval, el Shakespeare ahorcado, sólo que ahora, en vez de la soga, le habría bastado con pagar tres meses de prisión y la obligación de retribuir triplemente el daño infligido. En *Las alegres casadas de Windsor* estaría una prueba cifrada pero contundente de semejante querella. En aquella comedia Roberto Shallow, juez rural, exclama, como si se tratara de un estafeta de Lucy: "Caballero, habéis golpeado a mi gente, matado a mi ciervo y allanado mi domicilio" (Acto I, Escena I).

Un archidiácono apellidado Davies, adorna aquel acoso al ladrón, añadiéndole el lujo feudal de los azotes. Y si el

William ladrón existió podríamos sostener, en otro sentido distinto del mencionado, que cuando Shakespeare saqueaba genialmente a otros autores, no hacía otra cosa que rendirle homenaje al antiguo pariente ahorcado. La veracidad del William apañador y fugitivo está respaldada por la firma del primer biógrafo de Shakespeare, Nicolás Rowe (1673-1718), pero desmentida luego por casi todos los biógrafos. Shakespeare era, sí, ladrón, pero en un sentido distinto. ¿No es todo escritor un ladrón que saquea a todos sus modelos?

Tradición y originalidad

El haber nacido Shakespeare en aquel lugar hizo correr ríos de tinta. Con el tiempo, sobre todo dos siglos después, los críticos comenzaron a formularse preguntas: ¿Cómo un campesino resulta ser un genio ilustrado? ¿Cómo un hombre llano, sin títulos de nobleza, escribe en tan pulido estilo aristocrático y conoce el entorno palaciego y su historia? ¿Fue Shakespeare el autor de las obras que lo acreditan? ¿De dónde vendría el gusto del dramaturgo por incorporar en sus obras gentes marginadas (Otelo, Shylock...)? ¿Las incorporaba a la vez como una manera de afirmar su anónima condición original de hombre del campo y de hombre sin aristocracia?

Emerson suministra datos precisos sobre cómo el dramaturgo se tomaba por asalto las letras de sus autores inspiradores, no sin llevarse en la bolsa buena parte de su tinta: "En realidad, vemos que Shakespeare se aprovechaba de cuanto hallaba. Así lo demuestran los cálculos de Malone, acerca de la primera, segunda y tercera parte de *Enrique* VI, 'de cuyas 6.043

líneas, 1.771 fueron escritas por un autor anterior a Shakespeare; 2.373 fueron arregladas por éste, y sólo 1.899 eran enteramente suyas" (...) Conoció Shakespeare que la tradición suministra mejores fábulas que la inventiva privada" (Emerson, 1956: 113-114). Conviene recordar que en ese tiempo no se consideraba plagio que un autor escribiera una nueva versión sobre la base de una obra ya conocida. Entonces, la idea de genio estaba más cerca de una disposición natural que de un poder creativo excepcional, dotado de originalidad, como suelen entenderlo hoy los diccionarios (Bate, 2000: 29).

"El temperamento shakespeariano se consideró idéntico al inglés: empírico, escéptico, poco sistemático, irónico. Los orígenes rurales de Shakespeare resultaron ser de un valor incalculable para este proceso por el cual se le reconstituyó como poeta nacional. En el siglo XVIII se vio al Bardo como un muchacho de campo, un genio de la tierra inglesa, no un hombre de ciudad" (Bate, 2000: 111 y 214). Dos espacios estuvieron ligados a su vida: "mientras en Stratford se hizo hombre, en Londres se hizo artista" (González, 1993: 27). En otro sentido, podría afirmarse: Stratford le dio una familia y Londres se la arrebató.

Un prófugo en Londres

"Podría llamarse a Londres la Babilonia negra. Lúgubre de día, de noche espléndida", escribiría más tarde Víctor Hugo. Casi sobra añadir que ya entonces esa capital brillaba como una de las ciudades más importantes del mundo. "Londres, junto con Oxford y Cambridge, era el único centro de educación superior existente (...) centro literario por excelencia (...) [ello] explica la gran proliferación y concentración de escritores en busca de mecenazgo cortesano" (González, 1993:

30 y 32). Resulta difícil probar que a su llegada a esa capital, prófugo o no, Shakespeare se ocupó de cuidar los caballos de los caballeros a la entrada de los teatros. Una tradición afirma que este dato se adjudicaba a una patraña de Pope, y que fue recogida a su vez por Rowe, aunque resulte creíble que el hijo de un granjero, venido de Stratford, despistado y con seguridad huérfano de dinero, se ocupara en oficios así. Dos profesiones se han atribuido a Shakespeare casado: pasante de abogado y maestro de escuela.

Existe, sí, existe certeza sobre su traslado a Londres, ¿en 1587?, dejando abandonada a su esposa. Aubrey lo describe para entonces como "un hombre apuesto y bien formado, muy buen compañero y de un ingenio muy vivo, grato y afable". ¿Qué originó aquel desplazamiento a la capital? Es coherente suponer que William se peleó con su mujer, pues más tarde, cuando regresó a la boda de una de sus hijas, gente cercana intentó, sin lograrlo, juntarlos de nuevo. Una versión afirma que la esposa del dramaturgo vivió en la mayor pobreza y que William regresaría sólo hasta 1595. Y se da por cierto que, al final, la excluyó de la primera redacción de su testamento. Todo suele explicarse, en buena parte, por los celos de Anne y por haberse ellos unido bajo la voluntad artificial del compromiso. ¿Ejerció William el desamor por medio del matrimonio? Con su partida a Londres y su firme y sostenida lejanía, está claro que le rindió a su esposa el extraño tributo del desafecto. Aunque los biógrafos no lo anotan, es indudable que las nuevas preferencias sexuales del joven William influirían para sentirse impotente de regresar.

Si el joven Shakespeare fue hidalgo o no, si estaba urgido de obtener el escudo de armas que su padre logró en 1596 — registrado en el Colegio Heráldico de Londres—, parece no añadir nada a su vida. Pero conviene explicarse la propensión feudal a las discriminaciones, así como su deseo de acogerse a vistosos símbolos heráldicos, por las relaciones que le procuraban y que le abrirían paso a su desvelo artístico. Así se entienden mejor, aquí, los nexos entre vida y creación. Su padre, que a la vuelta del tiempo había logrado enriquecerse de nuevo, obtendría aquel trofeo por servicios prestados a la Corona. En 1598, John Shakespeare fue nombrado administrador jefe [especie de alcalde] de Stratford. Moriría más tarde, en 1601 y sería sepultado en el mismo lugar.

Shakespeare y Marlowe

Shakespeare trabajó en el teatro público de Rose para James Burbage —Richard, su hijo, fue actor reconocido—, quien en 1576 construyó un teatro de madera en Shoreditch. Antes de levantarse el lujoso Teatro El Globo —The Globe—, en 1599, el aspirante a dramaturgo se desempeñó en otras agrupaciones de comediantes como "La Cortina", "El Teatro" y el "El Cisne". Este último fue un celebrado teatro isabelino. Entonces, algunas compañías lograban ya realizar presentaciones en el extranjero. Antes de Shakespeare el teatro era pobre: lo tildaban de rudimentario y exclamatorio. Y quienes iniciaron el cambio fueron, antes del William actor y autor, John Lyly con su estilo vistoso y Christopher Marlowe —autor de *El doctor Fausto* y de *Tamerlán el Grande*—, universitario de Cambdridge, quien pasó a la historia como camorrista de taberna y enorme poeta de inspiración renacentista. Se da por cierto que el agudo Marlowe escribió a cuatro manos y subrepticiamente con Shakespeare *Tito Andrónico* y *Enrique* VI. "Podríamos decir que Marlowe y Shakespeare, nacidos en el mismo año, fueron originalmente mellizos dramáticos. La relación entre sus obras era en sus inicios simbiótica (...) La estructura de las obras de Marlowe descansa en el héroe: Tamerlán asciende en la primera parte y cae en la segunda. La estructura de las obras de Shakespeare se basa en un proceso histórico (...) *El judío de Malta* también le dio a Shakespeare ideas importantes para sus malvados" (Bate, 2000: 152 y 161).

De 1585 a 1592 —según Astrana Marín, entre otros autores—, la vida de Shakespeare se oculta tras una densa niebla. A juzgar por los resultados, tal vez se sumergió entonces en la fuga romántica del desamparo, entregó su cabeza a la más hiperbólica excitación intelectual y su cuerpo a una exploración sin fronteras, para lo cual, en todo ello, el ámbito urbano le procuraba opciones múltiples. En Shakespeare la heterosexualidad está centrada en Stratford y el homoerotismo en Londres. Así, sus nuevas preferencias corporales son una creación urbana. El nacimiento de la obra *Los dos hidalgos de Verona*, suele ubicarse en 1591.

La personalidad del dramaturgo

Difícil determinar con certeza las características de la personalidad de Shakespeare. Deducirlas de sus personajes resulta bastante arriesgado.

Aquí podemos advertir que el dramaturgo es el revés de aquellos personajes suyos que experimentan una aguda vehemencia (Hamlet, Lear, Cleopatra, Falstaff, Yago, Otelo, Claudio...) La respuesta está a la vista: se requiere una sabia serenidad para escribir sobre caracteres execrables y violentos. Y no se requiere un gran carácter para escribir genialmente. También hay quienes poseen acusado carácter y escasa inteligencia. John Dover Wilson lo encuentra bajo la imagen "de un ser tímido y afeminado, alguien que parecía carecer de carácter y personalidad (...) era un hábil deportista, como sabe todo lector de sus obras (...) un apasionado de la caza, como de la música" (Dover Wilson, 1968: 75).

Ineludible tomar en cuenta la alabanza que de Shakespeare hizo el citado Ben Jonson, en sus páginas de autores póstumos:

"Existe una firme tradición biográfica que afirma que William Shakespeare no era un hombre de carácter, en contraste con personalidades tan fuertes como Dante, Milton y Tolstoi. Sus amigos y conocidos dejaron testimonio de una persona amigable y de apariencia bastante corriente: abierto, buen vecino, ingenioso, amable, campechano, alguien con quien podrías tomarte relajadamente una copa" (Bloom, 1996: 65). Y fue alguien que no experimentaba cariño alguno por la guerra, organizada o desorganizada, ni por ningún tipo de violencia (Bloom, 2001: 479).

La tranquilidad y el descanso son provechosos para todos los estudios. La mente es como un arco más fuerte si se dobla. Pero la moderación del espíritu es lo más importante, ya para dar órdenes al ingenio de un hombre, ya para favorecerlo. Yo conocí a un hombre vehemente en ambos aspectos, que no conocía el modo de interrumpir sus estudios o de retomarlos. Cuando se ponía a escribir, juntaba el día con la noche; se exigía sin descanso, sin advertirlo hasta que se desvanecía; y cuando lo dejaba, se disipaba nuevamente en toda suerte de deportes y relajamientos, hasta el punto de que era casi desesperante hacerlo volver a su libro. Pero una vez que lo hacía, se tornaba más fuerte y más serio por el descanso. Todos sus poderes se habían renovado: podía sacar de sí lo que desease, pero con tanto exceso como si su afán no pudiera ser controlado: No sabía cómo usar sus propias capacidades o cómo ahorrarlas: tenía un poder inmoderado sobre sí mismo (Citado por Dover Wilson, 1968: 77).

El teatro de la época

¿Cómo eran los teatros de la era isabelina? La escena tuvo su reinado entre 1576 —cuando se fundó el primer teatro comercial— y 1613 —fecha que coincide con el incendio del primer El Globo—. La configuración física de los teatros tendía a la forma circular de los cosos taurinos, el tablado estaba elevado sobre el patio, rodeado a su vez por las graderías, el camerino ofrecía un balcón utilizado para el público, un baldaquino cubría la parte posterior del tablado, el foso, rescatado de la Edad Media, era la zona de ultramundo, de allí emergían los muertos y los fantasmas... Completaba esta infraestructura teatral la incorporación de procesiones, batallas, entierros, banderas y desfiles... Entre los accesorios, los vestidos eran ricos y llamativos; las máscaras y maquillajes facilitaban la construcción de personajes; las lágrimas brotaban fáciles con el auxilio de un pedazo de cebolla introducido en un pañuelo o dejando rodar una gota de vino desde los párpados; una cama podía transformarse en sepulcro; la música (trompeta, tambor, flauta dulce, oboe, trompa, laúd...) hacía más persuasiva la escenificación con ayuda de la danza. En obras como *Hamlet, Romeo y Julieta, Rey Lear, Julio César, Macbeth,* así como en *The Massacre at Paris* —de Marlowe— se aprovechaban, según la necesidad, recursos escénicos semejantes (Portillo, 1987: 83-102). La extensión de las obras de Shakespeare rebasaría en su ejecución las dos horas y media corrientes, lo cual supondría un montaje con recortes. Ello se explica por la intención del autor de componer las obras para un lapso que aprovechara a la vez la escena y la edición (Hauser, 1964, 1: 465).

El lenguaje del público

Era usual la cercanía de actores y espectadores, con lo cual estos podían leer los gestos, sentirlos y vivir la obra casi como si participaran en ella. El auditorio era variado en número y había sólo dos opciones para elegir. "Mientras los grandes teatros públicos podían albergar unos 3 mil espectadores, la capacidad de los privados no sobrepasaba los 700" (Bregazzi, 1999: 23). Los efectos especiales, acústicos y visuales, facilitaban el realismo de truenos, en las apariciones infernales, mientras entre bastidores se imitaba el galopar de caballos. La imposibilidad de incorporar caballos reales era suplantada por efectos verbales —todo estaba al servicio del lenguaje y de la acción—. El actor debía simular que acababa de desmontarse, que el animal había sido robado, que se había fugado o que el palafrenero había evadido su responsabilidad. Predominaban los recursos visuales. El color negro estaba adherido al sentido luctuoso y era el atuendo de la malignidad. Música y danza reforzaban la acción. El aplauso celebraba, la estridencia protestaba. La dificultad para simular la noche era llenada con un lenguaje enfático sobre el tema y la ubicación visual estratégica de candeleros, antorchas y velas prendidos. Las obras representadas en conventos y lugares cerrados tenían mayores opciones de inventar la oscuridad.

¿Cómo sacar los cadáveres del escenario? Era indispensable buscar pretextos escénicos: por ejemplo, ocultarlos en el primer hueco a mano, o introducir una acción que justificara su evacuación. Los hombres se vestían de mujeres en las tablas. Ello parecía poco creíble a los ojos del público, pero la costumbre naturalizaba una simulación semejante (Portillo, ob. cit.). En cuanto a la relación del dramaturgo con el público "Shakespeare fue de todos modos el primero, si no el único, gran poeta en la historia del teatro que se dirigió a un público amplio y mezclado, que comprendía, puede decirse, todas las clases de la sociedad, y ante él logró plena resonancia" (Hauser, 1964, 1: 462).

La plaga fue enemiga del teatro: en 1563, 1574, 1577, 1578, 1581, 1593, 1603 y 1625 fue suspendida toda reunión pública. Las pestes servían, en ocasiones, de pretexto a las

"A lo largo de la década de 1580-1590, los *Queens'Men* se reformaron y se convirtieron en la compañía de actores más famosa del país. Su estrella más fulgurante era un tal Richard Tarlton, el mejor cómico de la época. Stratford seguía formando parte del itinerario interpretativo de la compañía, que visitó este pueblo en 1586 y 1587" (Bate, 2000: 184).

puritanas autoridades municipales para cerrar teatros, aunque el gobierno central fuera liberal (González, 1993: 42).

La pasión escénica

Si en 1592 Shakespeare era ya actor y poeta renombrado, significa que había aprovechado eficazmente el tiempo. Por entonces lo encontramos trabajando en el grupo teatral de Lord Strange. La Compañía de la reina fue desplazada, lo que implicó un descrédito para Robert Greene, su escritor principal. Las relaciones de Shakespeare se vestían con el ropaje de la distinción y su amistad se repartía entre los poetas y autores dramáticos más relevantes —Donne, Lyly, Salden, Sydney, Nashe, Marlowe...— y condes muy cercanos a la reina Isabel, Essex y Southampton. Éste poseía una de las bibliotecas más importantes de la época, intensamente consultada por Shakespeare.

El angloitaliano John Florio —no ha faltado quien, andando el tiempo, le atribuya las obras del dramaturgo—, traductor de Montaigne, quien se doblaba, según parece, de bibliotecario y espía, auxilió con frecuencia las urgencias intelectuales del dramaturgo investigador. Al joven de Stratford se le atribuye un amorío con la esposa de Florio, la cual viviría oculta en los *Sonetos*, bajo la máscara de *La dama oscura*. "Aunque la idea sea muy poco romántica, no hay razón para no imaginar a Shakespeare acostándose con la mujer de Florio, además de saquear su biblioteca y hacer burla de sus frases" (Bate, 2000: 89). Sobre los amoríos del dramaturgo, hizo carrera el siguiente episodio que por su gracia y capacidad de sorpresa, pareciera una página salida de *Las alegres casadas de Windsor*:

Una noche en la que se iba a representar *Ricardo* III, Shakespeare se percató de cómo una mujer joven entregaba un mensaje a Burbage de forma tan sigilosa que despertó su curiosidad por saber su contenido. El mensaje decía que el amo de ella estaría ausente de la ciudad a partir de esa misma mañana, y que a su ama le complacería recibirle después de la obra, y saber qué contraseña daría para que ella le abriera. Burbage contestó "Soy yo, Ricardo III". Enseguida ella se retiró, y Shakespeare la siguió hasta una casa en la ciudad, y preguntando a los vecinos, averiguó que la joven dama residía en esa casa, y que se trataba de la favorita de un viejo mercader adinerado. Un poco antes de la hora acordada, Shakespeare se adelantó al señor Burbage y, después de dar la señal convenida, fue admitido. La dama se sorprendió mucho al ver que Shakespeare osaba interpretar el papel del señor Burbage, aunque tratándose del autor de *Romeo y Julieta*, y como es de suponer que no le faltaba ni ingenio ni elocuencia para disculparse de la intromisión, al rato quedó apaciguada, y juntos gozaron, hasta que Burbage, al llegar a la puerta, repitió la misma señal; pero Shakespeare, asomándose por la ventana, le dijo que se marchara, puesto que Guillermo el Conquistador había reinado antes que Ricardo III (Citado por Bate, 2000: 52-53).

Los teatros fueron cerrados de junio de 1592 a junio de 1594. La crítica suele insistir en la influencia o participación de los autores que conformaban el grupo isabelino de los *University wits* en la creación de páginas del dramaturgo. Una conjetura conocida, asegura que el verdadero Shakespeare era Marlowe. Otra que era Bacon. Estas duplicaciones enfáticas son, en parte, producto de una admiración cincelada por el fanatismo hacia otros autores, cuando no por una fantasía compulsiva. Voltaire creyó ver en la obra del dramaturgo un cruce de truculencia, rudeza y fino instinto. El conde Lev Tolstoi confesó no ser adicto a su lectura. Sigmund Freud nos sugirió que Shakespeare era algo así como el seudónimo de Oxford. Así, hay una tradición que cuestiona, ya la autoría de las obras, ya el genio de su autor. A ello añadiremos que, tal vez, les resultaba difícil a algunos lectores tolerar tanta grandeza localizada en una sola humanidad. Andado el tiempo, Shakespeare motivará a James Joyce en el *Ulises*, y modelará, sin duda, el lujoso estilo de Jorge Luis Borges y un homenaje suyo titulado "La memoria de Shakespeare".

University wits es el nombre con el que se conoce a un grupo de escritores isabelinos en el que se incluye a Christopher Marlowe (1564-1593), Robert Greene (¿1558?-1592), Robert Peele (1556-1596), Thomas Nashe (1567-1601), John Lyly (¿1554?-1606), Thomas Lodge (¿1558?-1625) y Thomas Kyd (1558-1594). A diferencia de Shakespeare, todos estos poetas y dramaturgos tuvieron acceso a estudios de enseñanza superior. Eran licenciados de Oxford y Cambridge (Citado por Jonathan Bate, 2000: 39-40).

Teatro y política

El surgimiento de casi una docena de teatros se sobrepuso entonces al acoso de la presión puritana, que había logrado desterrar las representaciones fuera de Londres, por profanas. Se considera que lo nuevo en Shakespeare, además de su colosal propuesta artística, era, en lo personal, el ser actor y dramaturgo, lo cual duplicaba las envidias. Suele destacarse que la muerte de los principales colegas actores por aquel entonces —1592-1594— facilitó que Shakespeare reinara en solitario. En este breve lapso murieron figuras notables del clandestino taller shakespeariano. Al parecer se aliaron la peste y la persecución. Tornamos al mundo teatral isabelino para describir algunas de las pautas que regulaban su comportamiento.

> Aparte de los viajes, era inevitable que los actores tratasen a los poetas que escribían sus comedias y que conociesen a los nobles y, en general, a las personas distinguidas que frecuentaban su teatro y a veces les invitaban a representar en los espaciosos comedores de sus casas. Luego, en navidades, actuaban ante la propia reina (Halliday, 1985: 54).

La relación entre el teatro y la política era más estrecha de lo que pudiera pensarse: los jacobinos e isabelinos no tenían periódicos; la discusión pública de asuntos políticos resultaba riesgosa. Como consecuencia, ellos esperaban que el teatro fuera un recurso de acercamiento para dialogar y polemizar.

Así, la escena en tiempos de Shakespeare estuvo hondamente asociada con la política (Caramés Lage, 1987: 137). El tablado escénico facilitaba ideologizar el espacio y convertir a los espectadores en actores marginales, entrabados eventualmente en la discusión sobre tantos acontecimientos públicos y privados que hacían las delicias del chisme y del rumor.

El dramaturgo solitario

1593 es el año en que el gobierno inglés resuelve liquidar a Marlowe. Muerto joven, se prolonga, sin embargo, en la obra de Shakespeare. Cierta tradición crítica suele ubicar al citado Ben Jonson —uno de los pocos privados de educación universitaria— y a Marlowe como adversarios y competidores de Shakespeare. Y, en ocasiones, acusan a éste de suplantar literariamente a Marlowe. Podría, quizás, afirmarse que fueron rivales-amigos. ¿Por qué preocuparse por ello, si Marlowe está en páginas de Shakespeare y éste en páginas de aquél? Nuestro dramaturgo no es sólo producto de sí mismo, es, como ya lo sugerimos, una construcción colectiva, que trasciende los modelos. Es sabido que, en cierto modo, la originalidad es proporcional no tanto a la cantidad como a la calidad de las influencias. Harold Bloom hace una certera alusión comparativa sobre aquellas personalidades:

> Shakespeare estaba lejos de ser personalmente violento, mientras que Marlowe era un avezado pendenciero callejero, agente de contrainteligencia y en general pájaro de mal agüero, en un estilo que puede recordarnos el de Villon o el de Rimbaud, ni uno ni otro pilares de la sociedad (Bloom, 2001: 84).

Se le atribuye a Shakespeare haber cultivado el insomnio desde su juventud. El argumento proviene de tomar como modelos de esta revelación a Enrique IV, a Enrique V, a Macbeth, a Hamlet y a una docena más de sus personajes. El insomnio estaría ligado a la urgencia de robarse el tiempo nocturno para la creación, dejando el sueño en segundo plano. Desde el principio, la inteligencia de Shakespeare sería "demasiado vigorosa para su cuerpo" (Harris, 1947: 418). Robert Greene publicó en 1592, en *Groatsworth of Wit*, uno de los primeros registros sobre la aparición de Shakespeare. Lo acusaba de fusilar a los escritores universitarios, al tiempo que lo condenaba por advenedizo (*upstart*). Veamos:

> Hay un cuervo advenedizo, embellecido con nuestras plumas que, con su corazón de tigre cubierto con una piel de comediante, supone que es capaz de expresarse de una manera altisonante en verso libre tan bien como el mejor de vosotros, y, siendo un Johannes factótum, es, en su opinión, el único Shakespeare del país. ¡Oh! Ojalá pudiera conseguir que vuestro raro ingenio sea empleado de manera más provechosa, y dejad que esos monos imiten vuestra pasada excelencia y nunca más los pongáis al corriente de vuestras admiradas invenciones (Harris, 1947: 421).

De 1590 a 1595, Shakespeare fue testigo de azotes diversos que crispaban a Inglaterra, aptos para nutrir su imaginación y animar una escritura dotada de agudo patetismo. Por entonces fueron ejecutados 61 sacerdotes católicos y 47 laicos, los campos morían bajo el flagelo de la sequía, la economía se resentía y apareció el fantasma de la peste: hedores, contagio, infección. Luego, el contraste con la irrupción de inundaciones. El lustro se cerró con revueltas campesinas.

Existen conjeturas en el sentido de que por entonces el dramaturgo habría viajado a Italia, imaginación verosímil por el conocimiento que el autor exhibe de la topografía de Venecia. Referencias suponen que *Trabajos de amor perdidos* fue redactada para una representación en la Navidad de 1593. "Es desde el principio al fin una parodia sobre los adictos de Sir Walter Raleigh (navegante y político, favorito de la reina), quien está probablemente caricaturizado también en la figura del fantástico español Armando" (Dover Wilson, 1968: 69-70).

Obras por encargo

El progresivo éxito artístico y económico del joven William contrastaba con la situación de su colega Thomas Kyd —autor de *La tragedia española*—, quien murió mancillado por la pobreza, en 1594. Este hecho se inscribe en la denuncia que hizo Robert Greene, en el sentido de que los actores londinenses les pagaban una miseria a los autores, mientras aquellos cosechaban riquezas y fama. Y los editores no se quedaban atrás, pues imitaban a los actores. Shakespeare se defendía, justamente, de este riesgo inventando la profesión de dramaturgo. *Julio César*, por ejemplo, fue escrita para la compañía de lord Chamberlain's Men. La costumbre de escribir obras por encargo impedía a un autor redactar páginas dramáticas por gusto o adicción, pues estaban de por medio, primero, el gusto de la Compañía contratante; segundo, la probable opinión del mecenas; y tercero, la del público. Sin embargo, había una vía alterna: pactar la elaboración de obras de interés mutuo.

Si una obra no alcanzaba el éxito, como ocurre, en general, hasta ahora, no se reeditaba. *Venus y Adonis* se reimprimió casi todos los años, de 1594 a 1602. Se considera que en este lapso llegaron a venderse más de diez mil ejemplares. Algunos actores se apropiaban de ciertos papeles. Richard Burbage era entonces el *dueño* de Bruto y de Hamlet y antes, de Ricardo III. En otro sentido, conviene recordar que en el siglo XVI lo importante de una obra publicada no era el autor, sino el título. Los primeros títulos de Shakespeare aparecieron sin su nombre; sólo hasta cuando logró notoriedad, en 1598-99 (Bate, 2000: 30-49). "(...) dentro del contexto isabelino, la obra de teatro no tenía sentido si no era representada" (González, 1993: 46).

Shakespeare poeta

El determinismo biográfico-literario que nos plantea propuestas como la de Francis Harris queda fuera de tono, si tomamos en cuenta las costumbres literarias de la época: una obra siempre se escribía en asocio entre la compañía teatral y el autor, de tal modo que no había espacios para la exhibición autobiográfica (Harris, 1947: 31). En cambio, los *Sonetos* podrían constituir un reflejo personal del Shakespeare hombre, a diferencia de la generalidad de su obra. La vida y la obra del dramaturgo abunda en intrigas, por ejemplo: ¿A qué nombres corresponde la misteriosa dedicatoria del libro de Sonetos: "Mr. W. H."? Las hipótesis se reparten entre atribuirlas al protector del escritor, Henry Wriothesley, tercer conde de Southampton, y a William Herbert, tercer conde de Pembroke.

La década de 1590 está asociada con la producción de numerosos sonetos en la obra de Shakespeare. Ingresar en este espacio es rozar el enigma; existe la tentación irresistible de ver esas páginas como inevitables espejos de la experiencia del autor. Pueden tomarse a la vez como presencias de su creación y como pruebas biográficas. Wordsworth dijo que los *Sonetos* son "la llave con que abrimos el corazón de Shajespeare (sic)" (Espina, 1962: 26). Modernamente, los sonetos podrían entenderse como una ficción literaria. ¿En dónde termina el autor y comienza la imaginación? Pudo él crear un narrador responsable de aquellas desdichas, aunque, es, sí, difícil echarle toda la culpa al sujeto lírico. Sería sensato pensar que aquellas pasiones repartidas en la arquitectura del soneto, comprometen a la vez la imaginación creadora, el instinto y la experiencia del autor. Pero, aún así, faltarían los otros, esas voces anónimas que ingresan en el papel bajo una especie de sujeto lírico plural. Es decir, las historias leídas u oídas, experiencias ajenas, del pasado o de la época... "La gloria literaria de Shakespeare alcanzó hacia 1589 su cenit y disminuyó precisamente a partir del momento en que había alcanzado su plena madurez; pero el público teatral siguió fiel a él y confirmó aquella posición sin rival que él había alcanzado ya antes" (Hauser, 1964, 1: 463).

De los 146 sonetos escritos por nuestro poeta y dramaturgo, 123 se ocuparon de celebrar al conde Southampton, veintiuno a una mujer y sólo dos carecen de dedicatoria. El alto homenaje que le rinde al conde al dedicarle tantas páginas, no se entendería de otra manera que como una rendida

gratitud por la generosidad intelectual de quien lo ha animado y admirado y, al parecer, lo ha respaldado con donaciones
sustanciales en dinero. Es importante destacar en aquel conde —quien llegaría a la mayoría de edad en 1595— su rango de protector de la cultura, en la persona de Shakespeare.
No han faltado conjeturas encargadas de aseverar que la relación del dramaturgo con su protector rebasaba todo interés
artístico. La frontera entre los siglos es el momento que defi-
ne la tensa madurez del dramaturgo:

> Su visión del mundo experimentó precisamente hacia el fin del
> siglo, en el momento de su plena madurez y del apogeo de su éxi-
> to, una crisis que cambió sustancialmente todo su modo de juzgar
> la situación social y sus sentimientos respecto de las distintas ca-
> pas de la sociedad. Su anterior satisfacción ante la situación dada
> y su optimismo ante el futuro sufrieron una conmoción, y aunque
> siguió ateniéndose al principio del orden, del aprecio de la estabi-
> lidad social y del desvío frente al heroico ideal feudal y caballeres-
> co, parece haber perdido su confianza en el absolutismo maquia-
> vélico y en la economía de lucro sin escrúpulos. Se ha puesto en
> relación este cambio de Shakespeare hacia el pesimismo con la
> tragedia del conde de Essex, en la que también estuvo complicado
> el preceptor del poeta, Southampton; también otros acontecimien-
> tos desagradables de la época, como la enemistad entre Isabel y
> María Estuardo, la persecución de los puritanos, la progresiva trans-
> formación de Inglaterra en un Estado policíaco, el fin del gobierno
> relativamente liberal y la nueva dirección absolutista iniciada bajo
> Jacobo I, la agudización del conflicto entre la monarquía y las

clases medias de ideas puritanas, han sido señaladas como causas posibles de este cambio. Sea de ello lo que quiera, la crisis que Shakespeare sufrió conmovió todo su equilibrio y le proporcionó un modo de ver el mundo del que nada es más significativo que el hecho de que desde entonces el poeta sienta más simpatía por las personas que fracasan en la vida pública que por aquéllas que tienen fortuna y éxito (Hauser, 1964, 1: 457).

Esto ocurría en un tiempo en el que la lírica y la épica se habían convertido en géneros preferidos, mientras el drama era visto como inferior.

El mecenazgo

La habitual curiosidad crítica y biográfica sobre los sonetos toca siempre el inevitable tema de la sexualidad. Jonathan Bate nos auxilia en este difícil trance con una cita desapasionada de Stephen Booths, publicada en 1977: "William Shakespeare fue con toda seguridad homosexual, bisexual o heterosexual. Los sonetos no permiten demostrar nada sobre esta cuestión" (Bate, 2000: 74).

Así, la biografía no nos aclara definitivamente los sonetos, ni éstos la vida del autor y debemos resignarnos a quedar confinados en el limbo de las especulaciones. Lo único verdaderamente claro es que "La moda de escribir sonetos de alabanza para intentar obtener mecenazgo literario corresponde a los primeros años de la década de 1590" (ibídem:79).

El mecenazgo tendrá un reinado de paso:

Ya en tiempo de Isabel comienza una verdadera caza de protectores. La dedicatoria de un libro y el pago por tal honor se convierten en un negocio ocasional, que no supone la menor dependencia ni verdadero respeto. Los escritores se superan en los aduladores encarecimientos, que además dirigen muchas veces a gente completamente extraña. Mientras tanto, los protectores son cada vez más mezquinos y menos seguros en sus regalos. La antigua relación patriarcal entre los mecenas y sus protegidos camina hacia su disolución (Hauser, 1964, 1: 460-461).

En este contexto resulta inevitable preguntarse cómo surgía un autor teatral. El patronazgo de un hombre adinerado era indispensable para la creación y sostenimiento de una agrupación teatral. Un autor debía buscar patrono y éste consideraba una distinción exhibir alguna generosidad ante la cultura.

Para 1592 Shakespeare gozaba ya de una segura fama de dramaturgo, expresada, en parte, a través de la popularidad. ¿Era accionista teatral o un mero contratado? Aquellos años estuvieron asociados a una intensa actividad intelectual para el dramaturgo que había iniciado con ímpetu su carrera teatral:

Había escrito ya *Ricardo* III —su primer gran personaje—, terminando así la trilogía de *Enrique* VI, y era natural que en su felicidad reencontrada volviese a la poesía lírica y la comedia. *La comedia de las equivocaciones, La fierecilla domada* y *Los dos caballeros de Verona* pertenecen a este período idílico, al igual que los primeros sonetos y los dos poemas largos *Venus y Adonis* y *La violación de Lucrecia*. Como a Marlowe le seguía interesando primordialmente la poesía y el acontecimiento cuando contaba una historia trágica, terrible, cómica o amorosa (...) *Venus y Adonis*, la primera obra de Shakespeare publicada, fue bellamente impresa por su amigo Richard Field en 1593, y obtuvo tan buen éxito que se hicieron de ella nueve ediciones en igual número de años (...) Cuando venían malos tiempos las compañías se veían obligadas a vender parte de su repertorio, y así salió al mercado *Titus Andronicus*, que probablemente apareció poco antes de la segunda parte de *Enrique* VI, siendo así la primera obra teatral de Shakespeare publicada (Halliday, 1985: 61, 66).

"En general, parecen haber existido tres grados de patronazgo. En primer término, había una paga o recompensa por la dedicatoria de un libro (...) Los nobles y los burgueses acomodados padecían como una peste a los autores carentes de recursos que les solicitaban tales retribuciones (...) si el libro gustaba y su autor era juzgado aceptable, se podía llegar al grado siguiente, es decir, un empleo personal al servicio del patrono" (Dover Wilson, 1968: 35-36). En otro sentido, es bueno recordar que se acostumbraba entonces a prologar los libros con poemas de homenaje escritos por amigos, así se tratara de una edición humilde (Chute, 1960: 285).

El Globo, La Rosa y El Cisne

Entonces, hacia finales del siglo XVI, nuestro dramaturgo se asoció con cuatro actores reconocidos para salvar *El Teatro*, bajo la animación de Curhbert y el veterano James Burbage. Los actores eran: John Heminges, Augustine Phillips, William Kempe y Thomas Pope. "Los hermanos Burbage (James y Richard actor) percibirían un interés de un cincuenta por ciento, y los cinco actores restantes otro tanto, a partes iguales, con lo cual la participación de Shakespeare, por ejemplo, ascendía a una décima parte del total". La construcción introdujo un sistema de escotillones que facilita-

ron representar las tres apariciones de *Macbeth*. El teatro La
Rosa (1587) había sido construido por Henslowe, en el distri-
to libre de Clink, pero el teatro de Burbage resultó superior en
sus instalaciones. En el verano de 1599 se inauguró el teatro El
Globo, considerado el más bello de Southwark (Chute, 1960:
181-185). Cuando este edificio sucumbió a las llamas, Shakespeare pagó un porcentaje del dinero indispensable para su re-
construcción. Se calculaba que cruzaban a diario el Támesis de
3 a 4 mil personas para asistir a las funciones teatrales de El
Globo, La Rosa y El Cisne. La mayoría de aquellos actores de
la compañía de Shakespeare fueron enaltecidos con el escudo
de armas y el título de caballeros (Ibídem: 206 y 211).

Muertos Marlowe, Greene y Kyd, Shakespeare quedó sin
rivales. Debía luchar en solitario, sin la saludable competición
artística de esos colegas de excepción. Era como si la plaga
también le hubiera llegado al teatro. En 1594, William contaba con apenas treinta años. Quedaban Anthony Munday,
Chettle y George Peele, aficionado a las deudas y quien, hun-
dido en la pobreza, tenía ya un pie en el otro mundo. Abier-
tos los teatros, tras el grave paréntesis de la peste, el joven
Shakespeare sólo podía elegir entre dos compañías teatrales y
se resolvió por la de Chamberlain que lo acogería casi hasta
el fin de sus días. Este hecho ha sido probado con documentos. La otra compañía era la del Almirante —propiedad de
Henslowe—, que tuvo un breve resurgimiento, con el utensi-
lio transitoriamente eficaz del escándalo, hasta opacarse en
1596, luego de haber convencido con el señuelo de un ingre-
so fijo a poetas como Chapman y Drayton. Thomas Kyd fue

autor de una de las tragedias más exitosas de la era isabelina, *La tragedia española*, ya citada. Como Shakespeare: ni cortesano, ni universitario. El ser dramaturgo estaba lejos de ser una profesión estable y digna (Bate, 2000: 39).

Existe la conjetura de que Shakespeare fue el autor de tres páginas anónimas añadidas a una obra titulada *Sir Thomas More*, encargadas por El Almirante, aunque se rumora que esta idea carece de lógica: sería como competir consigo mismo desde el frente opuesto. El documento se conserva en el *British Museum* de Londres y se atribuye caligráficamente a Shakespeare. No es difícil suponer que la alta calidad de las obras del dramaturgo, llevadas entonces a las tablas por su compañía, contribuyó al fracaso de la competencia. Francis Langley construiría luego El Cisne, considerado el teatro más grande y el más hermoso (ibídem: 69-74).

Después del anonimato

Hacia 1596 el rendimiento económico del dramaturgo traduce su eficacia teatral: compra la segunda casa más grande de Stratford, llamada *New Place*. El verano de aquel año aparece marcado con un duelo: la desaparición, tras grave enfermedad, de su único hijo varón, Hamnet, de once años. Como se ve, la vida del dramaturgo estuvo rodeada en este tiempo de difuntos significativos en lo personal y en lo artístico, balance que con el de la peste, cargaba su ánimo de una tensión que estimularía acaso su creación. Shakespeare se había ganado la opinión de los entendidos y de una audiencia importante, ya como poeta lírico, ya como autor del drama cómico. Sus obras respondían a un hilo conductor: "Mercucio en *Romeo y Julieta*, el Bastardo en *La vida y la muerte del rey Juan* y Berowne en *Trabajos de amor perdidos*, proceden del mismo molde, y cada uno de ellos es el personaje más intensamente realizado de la obra a la cual pertenecen" (Dover Wilson, 1968: 83).

En 1601 Shakespeare había publicado trece obras y la mayoría aparecía ya con su nombre, dejando atrás aquella costumbre editorial del anonimato. Su nombre comenzaba a ser explotado comercialmente por algunos editores como John Bodenham, quien imprimía pensamientos poéticos de distintos autores, incluido Shakespeare, pero atribuyéndole el conjunto a éste (Chute, 1960: 193). "Durante más de dos años, de 1601 a 1603, no escribe nada, y cuando ofrece al mundo una nueva obra, es ésta *A buen fin no hay mal principio*. ¡Qué obra! ¡Qué título! Es su primera reverencia ante la nueva corte" (Dover Wilson, 1968: 108).

Shakespeare hace convivir peripecias económicas personales con la más exigente creación artística. Es sabido que en 1605 compró la mitad de los diezmos de Stratford. No sería justo ver estas adquisiciones como reflejos de una ambición desmedida. Nos parece que aunque escribiera por encargo, Shakespeare le aumenta en sus obras la tinta a la ambición, al egoísmo, a la envidia y a la venganza. La presencia personal suya estaría, pues, no en el tema ni en la trama —con los cuales complacería a actores, empresarios y mecenas—, sino en el énfasis que le pone a un personaje, a un motivo, a una idea... *Hamlet, Julio César, Ricardo* III y *La tragedia de Macbeth* son ejemplos sangrientos de lo que puede la ambición.

La espectacular crítica que ejerce Shakespeare sobre los desmanes y crímenes de las cortes, ajenas y locales, podría entenderse como un gesto de patriotismo. Macduff exclama en *Macbeth*: "La intemperancia sin freno es la condición del tirano; ha sido causa de la prematura caída de los tronos prósperos y de la vida de muchos reyes". Y añade luego: "¡Oh nación [Escocia] miserable, bajo un tirano usurpador de cetro ensangrentado!". Malcolm —más tarde consagrado rey, tras la muerte de Macbeth, usurpador y asesino— termina definiéndolo: "De acuerdo en que [Macbeth] es sanguinario, lujurioso, falso, avaro, pérfido, malvado, violento, hediondo, a cuantos vicios tienen nombre" (Acto IV, Escena III). Existe también el consuelo siniestro del crimen compartido: "Lady Macbeth es la ambición, pero de un trono que no es para ella sola: de algo que quiere compartir con su marido (...) es la revelación de un gran carácter extraviado por una pasión criminal" (Melian Lafinur, 1965: 49 y 53).

A la sombra del siglo XVII

Hacia las décadas finales del siglo XVI, la llamada "era isabelina" —a la que consagraremos capítulo aparte—, había alcanzado rasgos muy definidos que se traducen en la edificación de un sentimiento nacional, en la inmensa popularidad conquistada por Isabel I, en el auge del protestantismo y la baja del catolicismo en el país. Inglaterra había logrado consolidar importantes contactos internacionales. En el marco de este auge la cultura nacional experimentaba un florecimiento significativo; existió una circulación importante de obras universales gracias a las traducciones y a que la generalidad del pueblo inglés habla —ayer y hoy— más o menos el francés, el italiano y el español, y en los casos más exclusivos el hebreo y el latín.

En vida de Isabel los mayores logros de Shakespeare fueron sus piezas históricas. Se había logrado el anhelo de Enrique VIII, aplicado en su Reforma: anular el poder del Papa y sustituirlo por el del rey (Ducheim, 1994: 534-537).

En 1600 la reina Isabel cumplía sus sesenta y siete años. En los últimos quince años el país vivía una pesadilla: la guerra con España, que desangró parcialmente la economía nacional. Sin embargo, ella había demostrado su tenacidad militar y estratégica. En 1598 moría el eterno enemigo de Isabel, Felipe II, tras su último intento para asesinarla: envió a un agente para envenenar el pomo de la silla de montar de la reina. Inglaterra reforzaba entonces su poder militar sobre la rebelde Irlanda.

Caía en desgracia uno de sus más obedientes y hasta entonces seguros y altos servidores imperiales: Robert Devereux, conde de Essex. A este tiempo pertenecen los titulados *Pequeños poemas* de Shakespeare. Entonces, el dramaturgo "era proclamado como igual a Ovidio en cuanto poeta, y a Plauto y a Séneca en cuanto escritor de comedias y tragedias; y, finalmente, que los negocios le iban a su compañía lo suficientemente bien como para levantar [como ya se ha señalado] un teatro enteramente nuevo llamado 'El Globo' " (Dover Wilson, 1968: 110).

Intrigas palaciegas

Shakespeare intervino involuntariamente en el caso de Essex. Éste había sido nombrado "teniente y gobernador general de Irlanda", en parte como una manera de alejarlo; sin embargo, regresó a Inglaterra sin autorización, lo que fue interpretado con intuición perfecta por la reina como una traición. El viajero intentaría dar golpe de Estado. Veamos cómo interviene una de las obras de Shakespeare y su teatro El Globo, en este momento de intrigas palaciegas y venganzas amañadas, uno de los episodios más turbulentos de la vida política inglesa en aquellos tiempos. La idea de que el arte puede influir en la realidad está aquí a la orden del día:

> Essex decidió sublevar la ciudad, pensando que un gran movimiento popular no dejaría de producirse en cuanto lo vieran llegar armado, con sus amigos (...) Por una especie de provocación bastante gratuita, uno de los conjurados [era el 7 de febrero de 1601] cruzó el Támesis y fue al teatro del Globo, donde actuaba la compañía de Shakespeare, y dio cuarenta chelines a los actores para representar en vez de la pieza programada para esa tarde, la tragedia de *Ricardo* II, historia del derrocamiento de ese soberano en el siglo XIV. Era correr un doble riesgo, pues la margen derecha, donde se hallaba El Globo, no estaba de ningún modo en manos de los partidarios de Essex; y la referencia a Ricardo II (asesinado, lo que es más, en su prisión luego de su derrocamiento) daba claramente a entender que el golpe estaba dirigido contra la Reina misma. De todos los episodios del asunto, fue ese el que Isabel retuvo con más amargura hasta su muerte (Ducheim, 1994: 575-589).

Así se explica por qué cuando la obra *Ricardo* II apareció en 1597, fuera omitida la escena que recoge la destitución del soberano y, aunque en vida de Isabel se hubiera llegado a las tres ediciones de la misma, aquella escena tan expresiva sólo se hubiera incluido en las nuevas impresiones cinco años después de la muerte de la reina (Chute, 1960: 213).

La circunstancia de que al conde de Essex, acaso con razón, se le hubiera atribuido ser amante de la soberana y uno de sus consejeros y hombres más cercanos y leales durante quince años —sólo compitió con él en ambiciones idénticas el conde de Leicester—, descontada su inmensa popularidad y el ser considerado "gloriosa flor de la caballería", no impidió que, descubiertas sobre la mesa del poder las cartas de la traición, la reina, sin temblarle la mano, firmara su ejecución inmediata. Poner en peligro el trono de Inglaterra pesaba más en la balanza que el resto. Por un movimiento en falso, Essex, desgastado el manejo del erotismo político, perdió a la reina, se perdió a sí mismo y fue enviado al patíbulo de la Torre, sobre el tablero de Inglaterra (Ducheim, 1994: 595-597). El conde de Essex tenía el encargo de sofocar la rebelión en Irlanda y regresó a Londres creyendo que su popularidad le daba para derrocar a la reina y apoderarse del trono de Inglaterra.

La audiencia del proceso contra Essex contó con la lúcida inteligencia de Francis Bacon, quien con sobrada argumentación y ejemplos tomados de la historia ilustró la irrefutable traición del conde, su antiguo amigo personal. La relativa facilidad con que hombres de poder mueren en las obras de Shakespeare (El padre de Hamlet, Julio César, Bruto, Cleopatra...), armoniza con esta realidad, en la que quienes han ostentado privilegios políticos caen súbitamente en desgracia. Si la prima de la reina, María Estuardo de Escocia, sucesora natural, había sido ejecutada, por qué no iba a serlo un súbdito extraño. William Hazlitt ha destacado a partir de la lectura de Shakespeare, que el amor al poder es el otro nombre del amor a la maldad.

El eclipse de la luna

El relato de las traiciones de bajo, mediano y elevado alcance, durante el reinado de Isabel ocuparía un grueso volumen. En semejante contexto no es difícil, añadidos los ejemplos de la historia, que Shakespeare tome por tema y motivo de obras suyas, el argumento de la traición y su complemento dialéctico y dramático: la venganza. María Estuardo era impulsada, históricamente, al poder por un séquito de reyes que la precedían. Acaso por ello se sintió ancestralmente autorizada a ejercer la conspiración. Ocho Estuardos habían reinado en Escocia de 1370 a 1625: Roberto ii, Roberto iii, Jacobo i, Jacobo ii, Jacobo iii, Jacobo iv, Jacobo v y Jacobo vi. Shakespeare no hizo mención alguna a María Estuardo de Escocia, que no fue reconocida por los ingleses (Astrana Marín, 1961: 1609).

El año de 1603 es notable en la historia de Inglaterra. Moría Isabel i y subía al poder Jacobo i, hijo de la difunta María Estuardo. Los días que rodearon la muerte de la reina fueron, como es de suponerse, de tensión palaciega, no sólo por la obvia importancia que revestía, sino porque quedaba en suspenso el destino de Inglaterra. G. B. Harrison supone que el soneto 107, con su verso "La luna mortal ha soportado su eclipse", ya se refería a la preocupación general por la salud de la reina en 1596 (Citado por Dover Wilson, 1968: 66). La postulación de Jacobo Estuardo, aunque proveniente de la Escocia católica, fue bien recibida por los protestantes, pues hallaron en él a un aliado eficaz. Los funerales de Westminster, realizados el 28 de abril de 1603, se cumplieron con toda la pompa y la pleitesía que corresponden a una reina que marcó la historia de Inglaterra y de Europa. Desaparecía con la tranquilidad de conciencia de haber convertido su país en una potencia. La intensa pompa del lenguaje shakespearano resulta más comprensible cuando se examinan los rituales cortesanos del entorno. Veamos a Isabel en su cortejo fúnebre:

> El cuerpo fue embalsamado y llevado en barco a Whitehall, luego expuesto en un lecho de gala, vestido con el traje real y tocado con la "corona imperial" (corona cerrada, reservada para las grandes ceremonias de Estado). En la mañana del día fijado, que era un jueves, los despojos de la reina, colocados en un féretro de plomo, fueron ubicados en un coche fúnebre tapizado de terciopelo negro, y el cortejo se puso en movimiento. A la cabeza marchaban doscientas sesenta mujeres pobres, vestidas de negro, a expensas del Tesoro; seguían los oficiales de la Corte, los heraldos portadores de estandartes multicolores con las armas de la dinastía, los escuderos a caballo enarbolando los escudos de Francia, Inglaterra, Irlanda, el país de Gales, Cornualles, el ducado de Lancaster y otras posesiones de la Corona, los clérigos de la capilla real con capa y sobrepelliz, cantando himnos; los regidores de Londres con traje

de terciopelo negro, cadena de oro al cuello, precediendo al lord alcalde; los miembros del Consejo privado, los pares del reino, los grandes oficiales de la Corona; muy destacado el embajador de Francia "con un largo manto sostenido detrás de él". Algunos pajes llevaban las insignias reales sobre almohadones; luego venía el coche fúnebre, tirado por cuatro caballos, con el ataúd sobre el que estaba expuesta la efigie de la difunta soberana en cera de color, "tan excelentemente hecha que se la diría viva, con el cetro y la corona; a su vista, los espectadores estallaron en llanto, sobre todo las mujeres que tienen el corazón naturalmente tierno y pronto a las lágrimas" (Ducheim, 1994: 621).

Nuevo rey, nuevas pestes

En aquel año de 1603, en julio, se acentuó la presencia de la peste; una de las víctimas fue el hijo de Ben Jonson, de siete años de edad. Con el ascenso de Jacobo I, Robert Cecil, uno de los pilares del gobierno anterior, fue convertido en primer ministro. El soberano lo elevaría al rango de conde de Salisbury. Raleigh, otro de los monumentos políticos de la era isabelina, terminaría encerrado en la Torre de Londres, mientras Francis Bacon se convertía en caballero y mecenas de Shakespeare. El rey acogió bajo su protección al dramaturgo y a su colectivo teatral. A la sombra del nuevo gobierno las funciones teatrales pasaron de siete a veinte, lo cual refleja el entusiasmo del monarca por las representaciones y su deseo de extender su cobijo a otros grupos.

La peste regresaría de nuevo y dejaría un paisaje desgarrador: 30 mil cadáveres, sólo en Londres, época negra para el teatro y para el propio Shakespeare. Se le atribuye al dramaturgo una eventual retirada a Stratford, con seguridad para ponerse a salvo del contagio y para redactar obras como *Medida por medida*, *Mucho ruido y pocas nueces*, *A vuestro gusto*... (Halliday, 1985: 108-111). La obra *A vuestro gusto* —*As you like it*— sería presentada ante el rey Jacobo I, en Wilton House, el 2 de diciembre de 1603 (Astrana Marín, 1961: 83).

La temporada teatral de 1604 fue inaugurada con la presentación de *Otelo*, la cual data de ese mismo año, representada por los Actores del Rey —entre ellos Shakespeare—. Este proceso de creación formidable que se inicia con aquella obra, concluirá felizmente cuatro años más tarde con *Antonio y Cleopatra*, que ofrecía un problema de representación sin precedentes: por primera vez el protagonista era mujer, lo que implicaba que un hombre debía disfrazarse y asumirlo. ¿Cómo convencer sostenidamente al auditorio de que quien finge ser Cleopatra es una mujer y no un varón? (Chute, 1960: 233).

En la antesala de la muerte

El dramaturgo necesitaba cobijarse bajo una seguridad económica, ya no para escribir, proceso que al parecer ya había terminado, sino para garantizarse un tiempo confortable, en la antesala de la muerte. En 1613 adquirió por 140 libras una casa en Blackfriars; luego, firmaría una escritura, en el British Museum por 60 libras del dinero de compra. Se sometió a una hipoteca hasta las fiestas de San Miguel. Biógrafos le atribuyen a nuestro dramaturgo, en años siguientes, quebrantos nerviosos. Pasaría los últimos días de vida en su tierra natal. El

10 de febrero de 1616 asistió a la boda de su hija menor, Judith, quien se unió con Thomas, hijo de Richard Quiney, de cuya imprenta habían salido treinta libros de Shakespeare y quien regentaba una taberna en la High Street llamada Atwood's (Jonvet, 1964: 39 y 43). Pronto, el 23 de abril de 1616 moriría William Shakespeare, según reza en su tumba y en los registros parroquiales.

El primer biógrafo de Shakespeare, Rowe, señala en su trabajo de 1709 que "la parte final de su vida fue empleada, como todos los hombres de buen sentido desearán que lo sea la suya, en la tranquilidad, el retiro y el trato con sus amigos". Se mencionan visitas realizadas a Stratford, antes de su muerte, por Drayton y Ben Jonson. (Dover Wilson, 1968: 131). El testamento del dramaturgo está poblado de advertencias y de cálculos fríos para asegurar con minuciosidad, sin fisuras, el destino de sus bienes a corto y a largo plazo, pero el tiempo habría de negarle a Shakespeare el cumplimiento cabal de sus deseos, pues el ansiado heredero varón jamás hizo acto de presencia; los Hall tuvieron sólo una hija, Judith; muerta a los setenta años les sobrevivió a todos y con la muerte de Elisabeth o Isabel —lady Bernard— en 1670, nieta del dramaturgo, se extinguió la línea directa. A la muerte de Shakespeare es presumible que se hubiera desprendido de su participación en El Globo y en el teatro de Blackfriars, pues no se mencionan en su testamento:

> El testamento de Shakespeare se caracteriza por un designio claro y dominante: dejar toda la hacienda intacta a un solo descen-

diente varón (...) El testamento principia con los legados a Judith, la hija menor del interesado. Como los bienes raíces debían permanecer intactos, Judith recibió una generosa dote en efectivo. El dinero le fue legado en dos porciones de ciento cincuenta libras cada una (...) Toda la hacienda propia de Shakespeare pasaba a su hija mayor, Susana. Dicha hacienda comprendía su residencia de New Place, la casa de campo que había comprado en Getley, la casa en el barrio de Blackfriars alquilada por John Robinson, las dos casas de la Henley Street heredadas de su padre y "todos mis hórreos, establos, huertos, jardines, terrenos y bienes heredables, cualesquiera que éstos sean". Susana podía disfrutar de la hacienda durante su vida. Luego la herencia debía pasar a su hijo mayor (...) Los legados personales participaban en idéntica escrupulosidad que la donación de los bienes raíces. Shakespeare dejó a su única hermana superviviente, Joan, el usufructo vitalicio de la casa que habitaba en Henley Street, a cambio del pago, puramente nominal, de doce peniques anuales (...) Shakespeare dejó a su mujer la segunda cama de la casa en cuanto a calidad, sin duda la utilizada por la familia, ya que la mejor solía reservarse para los huéspedes (...) Suele insinuarse (...) que Shakespeare no necesitaba dejar ninguna hacienda a su mujer, porque ésta obtendría automáticamente una tercera parte del patrimonio en concepto de viudedad. Dicho derecho tenía plena vigencia en Londres (...) Desde el principio hasta el fin, el tono del testamento de Shakespeare es absolutamente impersonal, detalle curioso teniendo en cuenta que la mayoría de los documentos de aquel tiempo son personales y afectuosos (...) Shakespeare estampó su firma en cada página del testamento, con un "Por mí, William Shakespeare" en la tercera y última página

(...) Por su condición de rector laico, Shakespeare fue enterrado dentro del recinto del presbiterio de la iglesia parroquial (...) Figura la siguiente estrofa sobre la tumba de Shakespeare:

> *Buen amigo, por amor de Jesús abstente*
> *de desenterrar las cenizas aquí sepultadas.*
> *Bendito sea el hombre que respete estas piedras*
> *y maldito el que remueva mis huesos* (Chute, 1960: 270-275).

Dobles de Shakespeare

Durante los dos primeros siglos, tras la muerte del dramaturgo, nadie dudó que las obras atribuidas a Shakespeare eran efectivamente suyas (Bate, 2000: 111). Luego proliferó una serie de autores consagrados a dudar de su autoría y a inventarse un mejor postor... En torno a nuestro dramaturgo han circulado no pocas leyendas sobre la autoría de sus obras. Una de ellas, propagada más tarde por la señorita Delia Bacon, aseguraba que el autor de las creaciones del genial inglés fue, en realidad, Francis Bacon.

"La principal técnica de los baconianos de finales del siglo XIX y de principios del XX consistía en el *criptograma*. Al seleccionar determinadas letras y palabras pertenecientes a las voluminosas obras de Shakespeare, descubrían mensajes ocultos de Francis Bacon en los que se identificaba como el verdadero autor" (Bate, 2000: 129).

Todavía, hoy, proliferan fábricas shakespereanas. Un argumento bastante simplista radica en afirmar que obras tan geniales no podían haber sido escritas por un campesino de

Stratford, no siendo ni ilustrado, ni universitario. Carlos Fuentes recordaba aquella versión dotada de gracia imaginativa, consistente en que Shakespeare y Cervantes serían un solo autor que iba y venía de Inglaterra a España, mientras escribía las obras firmadas con la máscara de los dos nombres. No es improbable que el dramaturgo inglés hubiera leído al escritor español, pues en 1612 Thomas Shelton tradujo y publicó en Londres la primera versión al inglés de *Don Quijote* (Astrana Marín, 1930: 227). Cervantes y Shakespeare, como si se hubieran puesto de acuerdo, murieron el 23 de abril de 1616. Es sabido que en la misma fecha, pero no en el mismo día, pues en el calendario inglés no se había realizado la Corrección Gregoriana, según la cual correspondería al 3 de mayo.

El silencio de las palabras

El erotismo mágico

Es usual afirmar que acontecimientos de la época influyeron significativamente en la obra de Shakespeare. Ejemplo típico de ello es un personaje, apellidado López, que acaso le sugirió elementos para personificar al judío Shylock, en *El mercader de Venecia*. López era un portugués, de profesión médico, que cayó bajo la mira del conde de Essex, quien luego de probar que el extranjero perseguía envenenar a la reina, logró su ejecución bajo la forma más despiadada: ahorcado, destripado y descuartizado.

Uno de los episodios que más ha llamado la atención de los críticos de *El mercader de Venecia*, es el de los tres cofres. Tres pretendientes de la joven Porcia deben, por exigencia de su padre, elegir entre tres cofres: de oro, plata y plomo. El que adivine cuál es el victorioso, tendrá el amor de la dama. Basanio, elegido de antemano, acierta. Cada uno debe justificar, mediante un discurso, por qué ha elegido determinado cofre. Se da por seguro que Shakespeare tomó esta prueba del cofrecillo de una narración de la *Gesta Romanorum*. Al parecer, el cofrecillo de plomo, el ganador, arrastra un significado cristiano: es perdurable —promete eternidad—, es sencillo —se funda en el despojo— y es consistente —promete la salvación—. A ello se añadiría el desprecio del oro y la plata, en favor de un cofre que por su material casi nada vale al lado de los otros dos. Su calidad es interior, simbólica. El reino de sus atributos está en lo invisible. El cofre de oro hablaría a través de su consagrado valor, el de plata a través de su brillo y el de plomo a través del silencio. El cofre triunfador contiene, pues, un rango de misterio que debe ser descifrado: renuncia a lo obvio y exige inteligencia e intuición adivinatoria de parte de quien lo elige. Por su lectura a distancia estamos ante una prueba mágica. Si se requiere un sentido premonitorio para obtener un trofeo tan hermoso como Porcia, entonces esa facultad se impregna de sabiduría erótica. Digamos que es un triunfo del erotismo mágico.

Un personaje para recordar

Shakespeare escribió entonces acaso la obra más divertida de su producción entera y una de las más graciosas de la historia del teatro universal: *Las alegres casadas de Windsor*. La inteligencia y astucia que despliegan las mujeres en aquella obra sugiere un homenaje a la condición femenina en su versión renacentista, y por este camino, a su

El éxito de Falstaff en 1597 fue inmenso e instantáneo (...) Se exigió una segunda parte de *El rey Enrique V*. No contenta con ello, la soberana ordenó la producción de una tercera obra más, que esta vez mostraba a Falstaff como un esclavo del bello sexo. El tonel de carne se había convertido en un acontecimiento nacional. Shakespeare cumplió la orden real componiendo *Las alegres comadres*, [o: *Las alegres casadas de Windsor*] según una tradición aceptable en dos semanas (Dover Wilson, 1968: 92). Este hecho revela que la genialidad de Shakespeare podía satisfacer con eficacia los encargos y culminarlos en un tiempo breve.

artífice inspiradora, la mujer más importante de Inglaterra, Isabel I. Que la reina haya ordenado escribir obras como ésta que resultaron formidables, nos hace pensar que la soberana formó parte, en algo, del genio de Shakespeare. Isabel I de Inglaterra influyó en la redacción de obras del dramaturgo, lo mismo que en la construcción de personajes y acciones.

Algunos críticos coinciden en señalar a Shylock, Hamlet y Cleopatra como los personajes cumbres de la obra de Shakespeare. Dover Wilson toma en cuenta a Falstaff —*El rey Enrique* IV—, cuyos rasgos encuentra particularmente fascinantes. "Sir John Falstaff, al menos tal como lo conocemos ahora, vio la luz por primera vez durante el período más feliz del reinado de Isabel, los años 1597-98, cuando las tres figuras principales de su corte, Essex, Raleigh y Cecil, estaban, por una vez, de acuerdo, y todo Londres se entregaba a la alegría". Falstaff es dueño de contrastes agudamente barrocos, expresados por Shakespeare: un rufián viejo y sucio, de una belleza monstruosa, dotado de alegría, ingenio rápido, dueño de un perfecto equilibrio y de una vigorosa confianza en sí mismo, posee una vitalidad magnífica y configura un símbolo de la expansión y la liberación (Dover Wilson, 1968: 90-93).

Astrana Marín ve en el panzudo Falstaff al Sancho Panza inglés. El primer nombre que tuvo Falstaff fue el de Juan Oldcastle. Enterado el noble lord Cobhan de que un personaje indeseable —cínico, borracho, ladrón—, llevaba el apellido de un pariente suyo, personaje histórico, elevó una protesta que obligó a Shakespeare a cambiar su nombre (Astrana Marín, 1961: 75). El episodio de Falstaff oculto en un canasto para evadirse halla sus antecedentes en los cuentos italianos, caracterizados por enamorados que se camuflan en algún mueble del hogar (Praz, 1975: 151). "Una fuente para la muerte de Falstaff fue el deceso de Robert Greene" (Bate, 2000: 173). En *Las alegres casadas de Windsor* se advierte que la duplicidad de la personalidad Ford-Broock, disuelve, de momento, las identidades, en un ejercicio claramente barroco. Es decir, un personaje representa a la vez dos papeles, lo cual duplica la eficacia y el misterio de la intriga; así, logra engañar y seducir con mayor eficacia. Semejante recurso facilita el ejercicio del humor, del juego teatral, de la trasferencia de voces...

Falstaff, aficionado a beber en copas de fino cristal, a batirse en duelo con el estoque, argumenta de tal manera que hace confundir a sus interlocutores, perdiéndose la distancia entre verdad y mentira, al tiempo que utiliza agudamente la ironía. Es notable cómo Shakespeare hace aparecer seductora su anatomía grotesca, gracias a la impetuosa fuerza cambiante de su personalidad. A la pregunta sobre qué carácter tiene el príncipe, Falstaff, viejo y ridículamente gordo, contesta: "El de un buen muchacho sin cerebro". Y refiriéndose a otro personaje, murmura: "(...) el peso de un cabello igualaría en la balanza sus valores" (Acto IV, Escena II). Su lenguaje hace honor unas veces a la caricatura, otras, a la autocrítica impía. Pero en él todo es una máquina de simulación: "Bien; si vuelvo a sufrir fiasco semejante, he de hacer que mis sesos sirvan para comida a los perros el día de la entrada de año" (Acto III, Escena V).

Con excepción del famoso "retrato del arete" y del tosco grabado que figura al comienzo de sus obras, todas las imágenes de Shakespeare son apócrifas, una representación imaginaria de cuál pudo ser su aspecto. Aquí, el poeta en un grabado de Charles Turner (1774-1857) hecho sobre un óleo de Cornelius Jansen (1585-1638).

Esta página: *El poeta y dramaturgo a la edad de 46 años.*
Página siguiente: *Grabado de Benjamin Holl elaborado a partir de una pintura de Arnold Houbraken (circa 1830).*

William Shakespeare

Engraved by B. Holl, from the print by Houbraken.

Páginas anteriores
*Interior de la casa natal de Shakespeare en Stratford-upon-Avon,
lugar donde nació en 1564.*

Estas páginas
Izquierda: *Cartel promocional de* Romeo y Julieta *diseñado
por la Metropolitan Litho en 1879.*
Derecha: *El célebre actor John McCullough en el papel de Otelo (Boston, 1878).*

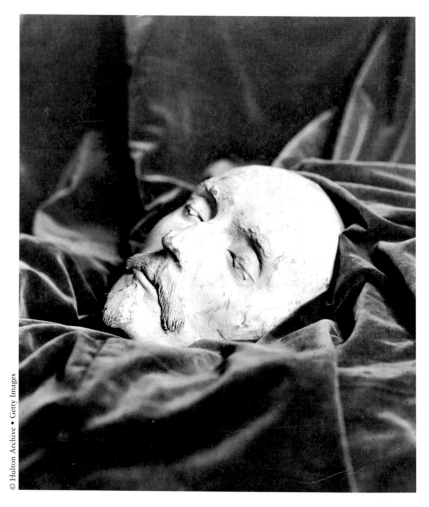

Mascarilla mortuoria de Shakespeare,
realizada para un museo hacia el año 1900.

Falstaff encuentra la manera de acreditar su propia deformidad, aprestigiándola con el supuesto de que contiene los múltiples lenguajes o acaso personalidades que él mismo posee: "Tengo en mi panza una escuela de lenguas y no hay una que pronuncie otra palabra que mi nombre. Si tuviese una panza vulgar, sería sencillamente el individuo más atractivo de Europa; pero mi barriga, mi barriga, me entorpece..." (*El Rey Enrique* IV, Acto IV, Escena III). Falstaff es un malabarista del lenguaje: "Preferiría que me taparan la boca con ratas muertas antes que con esa palabra 'seguridad' " (Acto I, Es-cena II).

La caracterización que Shakespeare realiza de Falstaff nos lleva a una conclusión inevitable, la fealdad logra engrandecerse por el lenguaje:

> Al ser un teatro en su más pura acepción y concepción, donde los medios teatrales son escasos, lo verbal adquiere una relevancia especial y desempeña un papel insustituible en la configuración dramática al darse una conciencia lingüística muy acusada respecto a la función de la palabra en la génesis y desarrollo de la acción teatral, convirtiéndose, así, lo verbal en el centro en torno al cual gira la representación (González, 1993: 62).

Por el vigor de las palabras, Goethe consideraría que Shakespeare pertenece más a la historia de la poesía y sólo incidentalmente a la del teatro; y que sus dramas encuentran importantes tropiezos cuando hay que representarlos (Praz, 1975: 177).

Yago o la estética del mal

Otelo nos ofrece uno de los personajes más completos de la obra entera del dramaturgo: Yago. La abundancia de semblantes contrarios construye un andamiaje humano tan seductor por sus poderes como repudiable por los alcances malignos. Esto lo hace doblemente atractivo al lector. El barroco, con su edificio de paradojas, contradicciones, contrastes y con su típica ausencia de armonía nos muestra a un coloso de la manipulación. Yago es un maquinador de lenguajes, satírico, cruel, oportunista, vengativo, astuto, dueño de prevenciones hondamente racistas; filosofa sobre el poder, sobre el bien y el mal, sobre la vida cotidiana; disociador, intrigante, vengativo, verboso, virtuoso por necesidad, desleal, ebrio de ambición y odio; hacedor de versos con moraleja; soldado y hombre de letras; un pagano que habla en nombre de Dios; un censor licencioso; provocador que obra con saña; ha matado hombres en el ejercicio de la guerra y cree que le falta malignidad para encontrar la perfección a su manera. Es la negación de toda piedad, un personaje capaz de convertir el mal en estética. Su condición de villano artista lo hace irremediablemente seductor. "El mejor logro de Shakespeare en *Otelo* son las extraordinarias mutaciones de Yago" (Bloom, 2001: 463).

Yago pareciera ser el dueño de casi todos los llamados pecados capitales, pero en su ser adquieren trascendencia, se ahondan y transforman, adquiriendo una majestad diabólica. La aptitud sentenciosa y la misoginia de Yago puede verse en esta manera de definir a las mujeres: "Vamos, vamos, sois pinturas fuera de casa, cascabeles en vuestros estrados, gatos monteses en vuestras cocinas, santas en vuestras injurias, diablos cuando sois ofendidas, haraganas en la economía doméstica y activas en la cama" (Otelo, Acto II, Escena I).

Yago es capaz de sacar conclusiones de una sensatez irrefutable: "dicen que hasta los hombres de baja extracción, cuando están enamorados, adquieren una nobleza que no les es natural" (Acto II, Escena I). Frases así serían benignas, si no estuvieran en su raciocinio al servicio de una empresa maligna: comprometer a Desdémona en infidelidad contra Otelo, el moro de Venecia. Yago es la lucidez de la maldad, una filial segura del Demonio. Conoce su oficio cuando introduce el veneno de los celos, vía Cassio, y mientras tanto filosofa: "Bagatelas tan ligeras como el aire son para los celosos pruebas poderosas como las afirmaciones de las Sagradas Escrituras" (Acto III, Escena III). El lirismo astrológico y mágico se deja ver cuando Otelo narra la forma como nació el pañuelo que regaló a Desdémona: "Hay magia en su tejido; una sibila que contó en el mundo doscientas evoluciones del sol, realizó el bordado en su furor profético; los gusanos que produjeron la seda estaban encantados y el tinte era de corazones de vírgenes momificadas, que su arte había sabido conservar" (Acto III, Escena IV). Sin duda, aquel pañuelo es una metáfora de la virginidad de Desdémona.

Otelo y La tempestad

Como casi todas las obras de Shakespeare, *Otelo* proviene de una lectura que el autor retoma, no que inventa. Es sabido que antes de que el dramaturgo escribiera *Hamlet* ya existía una obra con semejante título, atribuida a Kyd. Ahora, toma para su *Otelo* un motivo prestado. "A fines del reinado de Isabel, Shakespeare leyó una serie de narraciones compiladas por Giraldi Cinthio, entre las cuales halló una desagradable historia sobre una mujer cuyo marido enloquecía de celos y ordenaba su asesinato (...) [Shakespeare] introdujo en él los cambios que juzgó necesarios" (Chute, 1960: 229).

Otelo es célebre por su incursión en el tema de los celos. Como lo sugeríamos, una gravísima calumnia por infidelidad condena a Desdémona ante los ojos de su amado guerrero, Otelo. Éste, llevado por una ansiedad febril, da crédito al rumor.

En la temporada teatral londinense de 1604-1605, siete de las once obras presentadas eran de Shakespeare: *Otelo, Las alegres casadas de Windsor, Medida por medida, La comedia de las equivocaciones, Trabajos de amor perdidos, Enrique V* y *El mercader de Venecia* (Halliday, 1985: 117).

La entrega nupcial fracasa y Otelo da muerte a Desdémona para vengar su presunta traición. Dada la complejidad de la obra conviene formularnos algunos interrogantes: ¿Es el desinterés de Otelo por entablar relaciones íntimas con Desdémona asco sexual derivado de una prevención cristiana? (Lo señala Stephen Greenblatt citado por Harold Bloom). ¿Es la condición militar del personaje —o la rigidez que conlleva— un obstáculo para superar esa pasión que lo llevó al asesinato y al suicidio? ¿Enmascara su virilidad militar una insuficiencia erótica? ¿Reflejarán acaso los celos, en su apariencia doméstica, que un moro no merecería encabezar el mando de las fuerzas de Venecia? ¿Que quien no vence en el amor no vencerá en la guerra? ¿Cómo es que un verdadero guerrero no logra vencer en la empresa amoro-sa?...

Tal vez una lección secreta de *Otelo* radica en que Desdé-mona, al enamorarse de un guerrero, accede al riesgo de la guerra, lo que se confirmaría con el hecho de que muere justa-mente a manos de él. Ella no vacila en señalar: "Mi corazón está sometido a las condiciones mismas de la profesión mili-tar de mi esposo" (Acto I, Escena III). La paradoja radica en que un hombre que es una fortaleza aguerrida encierra una pasmosa debilidad. Sería capaz de vencer un ejército, pero no sobreponerse a su pasión, ni alcanzar la razón serena. No so-bra añadir que la grandeza de Otelo, el personaje, ha sido am-pliamente reconocida por los críticos.

Londres recibió la navidad de 1606 con un acontecimien-to teatral: la presentación de *El rey Lear*. El palacio de White-hall se vio casi incapaz de albergar a una creciente demanda de espectadores. La obra requería un actor de vigorosa voz: el ya mencionado Richard Burbage. "*El rey Lear* es la única obra de Shakespeare que no parece basarse en absoluto en ningún dogma cristiano, y es muy significativo que su autor eligiese una era precristiana" (Chute, 1960: 237). En la con-cepción de esta obra, las *Crónicas* escocesas de Holinshed debieron constituir un soporte valioso, así como la *Historia Regum Britanniae*, escrita por Godofredo de Monmouth, hacia 1135. La procedencia es estrictamente céltica (Astrana Marín, 1961: 98).

No figura obra alguna escrita por Shakespeare en 1607; en cambio, sí un acontecimiento familiar: su retorno a Stratford para asistir a las bodas de su hija Susanna con el médico John Hall, quien ganaba entonces una sólida reputación y publicaría luego su libro *Observaciones*, que acopiaba experiencias profesionales. "Sea cuestión para los eruditos la de explicarse por qué el doctor Hall, cirujano, yerno de Shakespeare, que tantas monografías dejó sobre casos de su clínica, no haya escrito una sola línea sobre la afección que arrebató a su suegro la vida" (Melian Lafinur, 1965: 185).

Se da por cierto que el dramaturgo acudió a Stratford para asistir a los funerales de su madre, el 9 de septiembre de 1608. La casa de Stratford se iba quedando huérfana de sus dueños, pero las ausencias comenzaron a suplirse con la llegada, en ese año, de una nieta, hija de Susanna: Elisabeth Hall. Era este, acaso, un motivo para que el dramaturgo rescatase la ilusión de volver a su tierra natal. Aunque mucho se ha reparado en si Shakespeare fue esencialmente un hombre del campo o un hombre de ciudad, hay una tradición que le reconoce haber sido —lo señalamos— maestro de escuela rural, en Stratford.

Pericles, príncipe de Tiro fue estrenada en la primavera de aquel año en El Globo. Corresponden también a 1608 las obras *Timón de Atenas*, *Antonio y Cleopatra*. Plutarco debió ofrecerle a Shakespeare los fundamentos para delinear el personaje histórico Timón, en su *Vida de Marco Antonio*; una figura así aparece narrada en diversas colecciones del siglo XVI, sobre todo en las misceláneas de Painter, publicadas bajo el título de *The Palace of Pleasure*, aprovechada en repetidas ocasiones por el dramaturgo. (Astrana Marín, 1961: 99). Otra fuente pudo ser la *Bella Civilia* de Appiano (Praz, 1975, 164).

De 1601 a 1608 [Shakespeare] está absorbido por la tragedia,
y el sendero por el que avanza durante esos ocho años puede com-
pararse con una senda de montaña, que levantándose suavemente
desde el llano, va haciéndose cada vez más estrecha hasta que en la
cumbre de su ascenso se angosta llegando a convertirse en un
delgadísimo filo de navaja (...) Alrededor de 1608 o 1609, sobre-
viene un cambio en el arte y en el temperamento de Shakespeare,
cambio que es tan profundo, aunque menos súbito, como el de
1601.

Pasamos de la tragedia al romance, es decir, de obras que ter-
minan en un desastre a obras en las cuales el acto final está consagrado a felices reconciliaciones y perdones (Dover Wilson, 1968:
119).

El nacimiento de su obra *La tempestad* se inspiró sobre
todo en las noticias llegadas a Londres hacia 1610, sobre un
naufragio ocurrido en las Bermudas, en el que una nave inglesa encalló en una isla paradisíaca. Naufragio y tempestad,
nave inglesa e isla encantada eran ya motivos suficientes para
que el dramaturgo construyera una nueva página. "¿Es *La tempestad* una obra cristiana? Ciertamente es un poema profundamente religioso y de un espíritu semejante al de Cristo en
su ternura infinita, su sentimiento de piedad que todo lo abar-
ca, su conclusión de alegre reparación y perdón" (Dover Wilson, 1968: 127, 138 y 140). Una tradición sostiene la idea de
que *La tempestad* fue la última obra escrita por Shakespeare
(Chute, 1960: 250).

Hamlet, *el teatro y el botín de la venganza*

La obra de Shakespeare obliga a revisar los presupuestos tradicionales, fundados, por ejemplo, en el supuesto de que la comedia y el drama sólo podían existir separadamente. Aquí, la fusión experimental está a la orden del día. El enlace del humor y la crueldad, de la seriedad y el ridículo, de lo grotesco y lo solemne, de la pasión y la liviandad, de la ligereza y la trascendencia, de la simulación a ultranza y la sinceridad descarnada, el cruce de lirismo y practicidad, de romanticismo y realismo, todo ello, entre tantas opciones teatrales y literarias, configura una visión artística que aprovecha sin límites, las opciones más inesperadas. En verdad se trata del arsenal barroco. La capacidad de sorpresa nos acompaña sin desmayo en este viaje, que es la travesía por los laberintos de la gracia y de la inteligencia, por los abismos del misterio y de un *más allá* nuevo, ahora engendrado de forma autónoma por la obra artística. El lenguaje es reinventado en función de descifrar al hombre y la acción está en el centro de los acontecimientos. No sería ocioso afirmar que la verdadera biografía de Shakespeare son sus obras; biografía de la inteligencia y de las diversas formas que asume la gracia.

La convivencia de los contrarios y de derivaciones múltiples es protagonista en la obra de nuestro dramaturgo. "La belleza y la justicia en Shakespeare siempre están contaminadas por la fealdad y la suciedad, y viceversa" (Bate, 2000: 86). En la visión tradicional resultaría incomprensible que los opuestos logren fundirse gestando una nueva visión de una extraña coherencia: cierta movilidad de los contrarios en interacción dinámica. En tal contexto puede rendírsele homenaje a los atributos de una persona, mientras se le da muerte. En *Julio César*, Bruto encuentra en su víctima atributos y defectos, es decir, lo ve como un claroscuro, limpio y manchado, amigo y enemigo: "Porque César me apreciaba lo lloro; porque fue afortunado, le celebro; como valiente, le honro, pero por ambicioso, le maté (...) he muerto a mi mejor amigo por la salvación de Roma" (*Julio César*, Acto II, Escena II).

El arte dramático

¿Cuál era la percepción de Shakespeare sobre el arte teatral? No es difícil suponer que los puntos de vista expuestos por el príncipe Hamlet, en la obra que lleva su nombre, responden de alguna manera a la visión del propio autor. En tres intervenciones seguidas el personaje se ocupa de impartir una clase de arte dramático. Las reflexiones que vamos a reproducir las comprenderemos mejor si las ubicamos, además, en su contexto: Hamlet, hijo del asesinado rey, necesita que la representación que se ha de ejecutar sea fiel, perfecta, porque en ella se denunciará al asesino, el actual monarca, hermano del rey, presuntamente muerto por la mordedura de una serpiente. Pero la serpiente asumió el poder y, como si fuera poco, le robó la esposa al cadáver depuesto por la fuerza del crimen. Los personajes comprometidos, sentados en primera fila, asisten, sin saberlo, a una revelación, "dos veces dos meses" después de la muerte del rey legítimo. Se va, pues, a escenificar

WILLIAM SHAKESPEARE

una traición sangrienta. Veamos lo que Hamlet exige a sus actores para hacer persuasiva y eficaz la terrible denuncia:

> Te ruego que recites el pasaje tal como lo he declamado yo, con soltura y naturalidad, pues si lo haces a voz en grito, como acostumbran muchos de vuestros actores, valdría más que diera mis versos a que los voceara el pregonero. Guárdate también de aserrar demasiado el aire, así, con la mano. Moderación en todo, pues hasta en medio del mismo torrente, tempestad y aun podría decir torbellino de tu pasión, debes tener y mostrar aquella templanza que hace suave y elegante la expresión. ¡Oh!, me hiere el alma oír a un robusto jayán con su enorme peluca desgarrar una pasión hasta convertirla en jirones y verdaderos guiñapos, hendiendo los oídos de los "mosqueteros", que, por lo general, son incapaces de apreciar otra cosa que incomprensibles pantomimas y barullo. De buena gana mandaría azotar a ese energúmeno por exagerar el tipo de Termagante [dios de los Sarracenos, especie de símbolo de violencia]. ¡Esto es ser más herodista que Herodes! ¡Evítalo tú, por favor! (Acto III, Escena II).

El cómico que oye las instrucciones de Hamlet quien ahora se ha convertido en director escénico, responde: "Lo prometo a vuestra Alteza"; y Hamlet prosigue sus lecciones:

> No seas tampoco demasiado tímido; en esto tu propia discreción debe guiarte. Que la acción responda a la palabra y la palabra a la acción, poniendo un especial cuidado en no traspasar los límites de la sencillez de la Naturaleza, porque todo lo que a ella se opone

se aparta igualmente del propio fin del arte dramático, cuyo objeto, tanto en su origen como en los tiempos que corren, ha sido y es presentar, por decirlo así, un espejo a la Humanidad; mostrar a la virtud sus propios rasgos, al vicio su verdadera imagen y a cada edad y generación su fisonomía y sello característico. De donde resulta que si se recarga la expresión o si ésta languidece, por más que ello haga reír a los ignorantes, no podrá menos de disgustar a los discretos, cuyo dictamen, aunque se trate de un sólo hombre, debe pesar más en vuestra estima que el de todo un público compuesto de los otros. ¡Oh!, cómicos hay a quienes he visto representar y a los que he oído elogiar, y en alto grado, que, por no decirlo en malos términos, no teniendo ni acento ni traza de cristianos, de gentiles, ni tan siquiera de hombres, se pavoneaban y vociferaban de tal modo, que llegué a pensar si proponiéndose algún mal artífice de la naturaleza formar tal casta de hombres, le resultaron unos engendros: ¡tan abominablemente imitaban la Humanidad! (ibídem.)

Debemos tomar en cuenta que el texto critica con mano segura a los actores que no conocen ni comprenden suficientemente la psicología y la filosofía de la obra que pretenden representar, al tiempo que fija fronteras precisas, en el sentido de que sobreactuar antes que enriquecer empobrece una representación. La sugerencia de sufrir una especie de transformación en que el actor debe ser *como* el personaje que representa, parece obvia. Y tal vez, no ser *como*, sino *ser el mismo representado*, lo cual ya no supone una representación sino una transfiguración o una encarnación. Nuestro dramaturgo deja ver en aquellas reflexiones que fue a las claras un experimentado actor.

Escritura y representación

Ejemplos así nos persuaden de la minuciosidad con que el Shakespeare de entonces se entregó a la actuación y cómo iban de la mano representación y escritura. El artista, como transmisor o revelador de verdades, queda encerrado en una nueva frase de Hamlet: "Los cómicos no pueden guardar secretos. Todo lo han de decir". El sentido de la alusión al "espejo" queda, acaso, esclarecido, más adelante, en la obra, cuando Hamlet conmina a la reina, su madre, a buscar su verdadero reflejo. Allí encontramos el realismo profundo de aquella mirada barroca. No se trata de un reflejarse mecánicamente: "¡Sentáos; no os moveréis de aquí, ni saldréis hasta que os haya puesto ante un espejo donde veáis lo más íntimo de vuestro ser!" (Acto III, Escena IV). La sinrazón o la reflexión insensata hamletianas resultan siendo un atajo hacia el conocimiento profundo. Y, por añadidura, en la forma, una materialización brutal de la sátira. En otro sentido, Hamlet, el loco, llega a igualarse con la muerte pues a nada le teme.

Realismo barroco o barroco realista

Como se ve, nuestro dramaturgo no se deja llevar de la exageración barroca para perder el sentido de las proporciones en la actuación y en la obra misma. Así advertimos que, en la visión shakespeareana, el barroco supone, en su aparente desmesura, paradójicamente, un sentido realista y profundo del equilibrio. Si en el fondo del barroco está el vacío, se trataría de manejar una locura *estable*. En otras palabras, el manejo de la extravagancia y de lo inestable debe responder a cierta *lógica*. La lógica es aquí el manejo diestro de los extremos, sobre la base de un contrapunto agudo. La paradoja alcanza una alta magnificencia: "en la grosera sensualidad de nuestros tiempos, la virtud misma ha de pedir perdón al vicio, y aun debe a sus pies postrarse, implorando su gracia para hacerle bien" (*Hamlet*, Acto III, Escena IV).

En Shakespeare el vacío suele ser trascendente. Que Hamlet juzgue a su propia madre por corrupta, deja atrás todos los perdones con que las Tablas de la Ley conminan a los hijos a someterse a sus padres. Esta obra excede el perdón cristiano pues considera que la misericordia ante los propios errores no basta para hacerse justicia. Tampoco el perdón del ofendido. Así, la obra se aleja de cánones dominantes en la Edad Media y se proyecta hacia el futuro, sin que sea superada. "Hamlet inaugura el drama de la elevada identidad que incluso Pirandelo y Beckett no hacen más que repetir, aun cuando en un todo más desesperado, y que Brecht trató en vano de subvertir" (Bloom, 2001: 416).

La primera versión de *Hamlet* —de 1588-1589— influiría en *La tragedia española* de Kyd (Bloom, 2001: 410). Aquella obra fue escrita en distintos momentos, y ya alrededor de 1600-1601, como la coronación del genio teatral de Shakespeare. "La modificación más sostenida que Shakespeare introduce con respecto a sus fuentes es la supresión de casi todas las referencias al cristianismo" (Bate, 2000: 131). En

otro sentido semejante y distinto conviene recordar afirmaciones de Chalmers, quien señala que "la aparente ortodoxia
de Shakespeare ha de atribuirse a la presencia de la censura,
no a la innata lealtad monárquica del dramaturgo, y llama la
atención sobre la implantación del *Licensing Act* de 1589,
que prohibía a los actores tratar 'ciertos asuntos de divinidad
y Estado no aptos para ser escuchados' " (ibídem: 200).

Podría pensarse que la vena de hastío sexual que recorre
la obra de Shakespeare, desde 1600, es un reflejo de la personalidad del autor (Dover Wilson, 1968: 118). Este asunto
parece proyectarse en *Hamlet*: "mientras los psicólogos ex-
plican la actitud de Hamlet hacia Ofelia como el resultado de
la náusea sexual provocada en el príncipe por la conducta
materna, los críticos históricos la vinculan con la parte de Ofelia
en el drama original donde, como en el relato de Belleforest,
ella no habría sido más que un instrumento del tío de Hamlet
para seducir al príncipe" (Praz, 1975: 149).

El Renacimiento y la locura

Es llamativo que la Reina Gertrudis considere a su hijo Hamlet "loco" por el hecho de decir la verdad. La percepción de
la locura en aquel entonces tenía un sello propio, como nos
lo pone de presente Erasmo de Rotterdam en el *Elogio de la
locura* (1509), obra que, por supuesto, influyó en Shakespeare.
El propio Hamlet corrige la astucia equívoca de llamar loco a
quien ha descubierto la verdad: "No hay demencia en lo que
acabo de proferir; ponedme a prueba, y os lo repetiré todo,
palabra por palabra, de lo cual huiría a brincos la locura. Por

la gracia de Dios, madre, no vertáis sobre vuestra alma la unción halagadora de creer que no es vuestro delito, sino mi locura, la que os habla" (Acto III, Escena IV).

Afirmaciones de personajes de Shakespeare contribuyen a despejarnos el sentido renacentista de la locura. Viola, por ejemplo, en *Noche de epifanía*, expresa en algún momento: "Este tunante es demasiado cuerdo para hacer de loco. Y para llenar semejante papel es preciso no carecer de ingenio (...) La locura que se manifiesta por palabras sensatas es ingeniosa, mientras que los sensatos, si se vuelven locos, pierden para siempre su cordura" (Acto III, Escena I). Y Olivia señala: "Estoy tan loca como él, si la locura alegre y la triste tienen la misma importancia" (Acto III, Escena IV).

Michel Foucault señala que la locura había estado "aunada, obstinadamente, a todas las grandes experiencias del Renacimiento" (Foucault, 1982: vol. I: 20). De finales de la Edad Media al Renacimiento, el loco y la locura hacen un recorrido de gran significación, que dejan su huella artística:

> La locura y el loco llegan a ser personajes importantes, en su ambigüedad: amenaza y cosa ridícula, vertiginosa sinrazón del mundo y ridiculez menuda de los hombres.
>
> En primer lugar, una serie de cuentos y de fábulas. Su origen, sin duda, es muy lejano. Pero al final de la Edad Media, dichos relatos se extienden en forma considerable: es una larga serie de "locuras" que, aunque estigmatizan vicios y defectos, como sucedía en el pasado, los refieren todos no ya al orgullo ni a la falta de caridad, ni tampoco al olvido de las virtudes cristianas, sino a una

especie de gran sinrazón, de la cual nadie es precisamente culpable, pero que arrastra a todos los hombres, secretamente complacientes. La denuncia de la locura llega a ser la forma general de la crítica. En las farsas y *soties*, el personaje del Loco, del Necio, del Bobo, adquiere mucha importancia. No está ya simplemente al margen, silueta ridícula y familiar: ocupa el centro del teatro, como poseedor de la verdad, representando el papel complementario e inverso del que representa la locura en los cuentos y en las sátiras. Si la locura arrastra a los hombres a una ceguera que los pierde, el loco, al contrario, recuerda a cada uno su verdad (...)

La aparición de la locura en el horizonte del Renacimiento se percibe primeramente entre las ruinas del simbolismo gótico; es como si en este mundo, cuya red de significaciones espirituales era tan tupida, comenzara a embrollarse, permitiera la aparición de figuras cuyo sentido no se entrega sino bajo las especies de la insensatez. Las formas góticas subsisten aún por un tiempo, pero poco a poco se vuelven silenciosas, cesan de decir, de recordar y de enseñar, y sólo manifiestan algo indescriptible para el lenguaje, pero familiar a la vista, que es su propia presencia fantástica. Liberada de la sabiduría y del texto que la ordenaba, la imagen comienza a gravitar alrededor de su propia locura (ibídem: 28-29 y 34).

El realismo político

Es seguro que Shakespeare recibió de la lectura del florentino Nicolás Maquiavelo herramientas para mostrar que el poder ganado o perdido suscita una vasta resonancia y no la mera aparición o desaparición solitaria de un rey. También que el comportamiento político no es un reflejo natural pasivo e inamovible, sino que se puede alterar mediante maniobras. Un aprendizaje renacentista claro en Shakespeare y venido, acaso, en buena parte de Maquiavelo, es la emancipación que la política logra de la moral. El pensador es citado en las páginas del dramaturgo. El hostelero de *Las alegres casadas de Windsor* se pregunta: "¿Soy un político? ¿Soy un hombre sutil? ¿Soy un Maquiavelo?" (Acto III, Escena I).

Veamos un ejemplo de la quiebra política por debilidad, que le da la razón a Maquiavelo, vía Shakespeare, en la obra de que nos ocupamos. En *Hamlet* el rey asesino termina siendo descubierto, no por inmoral, sino por errores humanos que son políticos, como casarse con la esposa del difunto cuando el cadáver está todavía fresco. Así, un acto privado adquiere por sus efectos un rango político. En cierto modo, la acción vehemente, cautelosa y sagaz que el príncipe Hamlet emprende contra el rey para ejercer venganza responde, traspuesto a lo personal, a la teoría maquiavélica de que el conflicto y la guerra engrandecen y el pacifismo suele ser un ademán de la fragilidad. El rey ha sido *fuerte* para deponer al monarca legítimo por medio de la sangre, mas no para ejercer un artificio eficaz que Maquiavelo recoge de la experiencia y resulta indispensable a los usurpadores asesinos: la crueldad. Así, el pacifismo o la debilidad personal que suceden al presunto vigor del rey de Dinamarca generan su caída. La versión de monarcas célebres en obras de Shakespeare, tiende a confirmar la enseñanza maquiavélica de que fingen valores morales y el ejercicio de la religiosidad, pero no poseen ni los unos ni la otra.

Para Maquiavelo la simulación es de gran utilidad política, pero no porque él lo crea caprichosamente sino porque así lo demuestran la historia y el realismo político. En el marco de la concepción maquiavélica, el desprendimiento y la sinceridad cristianos quedan por fuera de la política, postura que le valió a su autor duras críticas. El pensador florentino ha puesto al descubierto que el Estado no es un producto privado del fuero interno de un monarca, sino un aparato autónomo que supone una visión secular y pragmática de la organización social. He ahí una propuesta moderna.

Una moral moderna

Hamlet es bastante más que la sola crítica de la ambición o la vivisección de la podredumbre humana. En principio, estamos ante un tratado de la venganza y de sus aterradores efectos. Es notorio que el rey o su espectro no regrese propiamente de un estadio sobrenatural —cielo, infierno o purgatorio—, sino de la tumba. Habla sólo desde el reino de la muerte. Es como si desconfiara del Juicio final o ya en ultramundo comprendiera que no existe y tuviera que hacer justicia por su propia mano, no como alma cristiana, sino como un mortal que debe buscar la justicia en cuanto humano, ante la ausencia de una balanza todopoderosa. La obra de Shakespeare posee una descomunal fuerza moral, mas no porque represente ninguna religión. Su moral es autónoma y constituye una emanación directa de la fuerza artística. Una moral secular, moderna. Abundan las polémicas entre fijar por protagonista la moral tradicional o una moral pagana. Shakespeare está fuera de todo canon. En casos particulares, los estudiosos alemanes se dividen en la discusión acerca de si las relaciones de Hamlet y Ofelia fueron o no platónicas (Melian Lafinur, 1965: 43).

Cuando el príncipe Hamlet habla, en el cementerio, con las calaveras de sus contemporáneos, mientras las va tomando, una a una, nunca se pregunta qué harán sus almas en el otro mundo, sino qué fueron en el pasado. Le habla a la memoria de esos muertos, no a sus almas. Para describirlos usa los verbos en pasado: "Fue...", "Era...". No dudamos que este diálogo influyó más tarde en Nicolás Gógol, cuando su personaje Pavel Ivánovich Chíchikov les habla, lista en mano, a las almas muertas, deteniéndose en cada una de ellas, por sus nombres.

La desesperación del príncipe Hamlet por ejercer la venganza sugiere también la desconfianza renacentista ante un más allá justiciero. En cierto modo, bajo los fuertes vientos del Renacimiento, Shakespeare hace que Hamlet ocupe el lugar de Dios, administrando justicia a diestra y siniestra, aun al precio de su propia muerte. El asesinato del rey, el probable suicidio y la locura de Ofelia, la traición y muerte de Polonio, el ulterior envenenamiento de la reina y la caída de Hamlet bajo un florete envenenado, configuran el botín de la venganza. Todos han perdido, sólo ha triunfado la venganza. Pero la venganza es aquí la única forma de la justicia. La obra pareciera desplegar un mensaje tácito: puesto que ni la ley divina ni humana funcionan, el hombre debe buscar el bien justiciero por su propia mano. Y la justicia entendida, acaso, como una forma de *purificación*, palabra que, en *Julio César*, usa Bruto para justificar la eliminación de César.

La historia fue una de las fuentes de las obras de Shakespeare. "Cuéntase (...) que Hamlet, Amleth o Hamlode floreció dos siglos antes de la era cristiana y era hijo de Horwendilo, rey de Jutlandia, y de Geruta, hija del rey de Dinamarca; que Fengo asesinó a su hermano Horwendilo, apoderándose del trono y que se casó con su cuñada Geruta, con quien desde largo tiempo tenía relaciones criminales; pero Hamlet, temeroso, a su vez, de ser asesinado, se fingió loco, y que la conducta de este príncipe fluctuó entre las extravagancias de la demencia y las profundidades de la filosofía" (Astrana Marín, 1961: 85). Nuestro dramaturgo exhibe una sorprendente habilidad para redimensionar, teatral y literariamente, episodios ya contados, que son traducidos por su mano a tensiones mayores, a una más alta excelencia artística.

Hamlet recoge el estado de ánimo de los estudiantes universitarios y de los colegios de leyes que exhibían su tristeza a finales del siglo XVI: "como lo demuestran las pasajeras alusiones a la vacuidad de la vida, a la futilidad de las acciones heroicas y a la degradada naturaleza de las relaciones sexuales". Las obras de Shakespeare no gustaban por igual a todas las edades. Gabriel Harvey observó que *Venus y Adonis* seducía a los jóvenes, mientras *Lucrecia* y *Hamlet, príncipe de Dinamarca* a las personas mayores (Chute, 1960: 197-198).

Al parecer, la desconfianza religiosa hacia Shakespeare fue la que llevó a Lev Tolstoi a rechazarlo. Tal vez, para éste, el dramaturgo se presenta en sus obras como una especie de ateo camuflado e irredento. La paradoja hace que Shakespeare se haya perpetuado a la vez como imagen radical y como presunto reflejo de la cultura oficial. "Desde hace tiempo se considera a Shakespeare como el retrospectivo poeta laureado de la Casa de Lancaster, sus obras como un libro en el que 'el reino de Gran Bretaña lee su derecho' " (Bate, 2000: 274-276).

El resplandor del Renacimiento. Romeo y Julieta

Es usual ligar a Shakespeare con el Renacimiento. Ello resulta válido si recordamos que se trató de una época en que, desgastada y terminada la Edad Media, el hombre sintió la necesidad de apoyarse en una nueva mirada que obedeciera más a los ímpetus del humanismo que a una lealtad a los absolutos. Por ello, algunos consideran que es el verdadero comienzo de la Modernidad. Así como se ha considerado también, no sin razón, la Revolución Francesa como otro momento esencial en la apertura hacia otra Modernidad. A partir de Héctor Raurich advertimos que el mundo moderno es, sobre todo, el mundo capitalista que se inició antes, en la Italia del siglo XIII y XIV y que la dificultad para determinar su especificidad radica en que contiene elementos de Grecia y Roma así como del período helenístico. El Renacimiento, cuya cultura contribuiría a generar un proceso que forjaría el surgimiento de Shakespeare, encierra una gran complejidad, aunque sus rasgos fundamentales son reconocibles:

Supone ahondar en el pasado, pero donde en realidad mira es dentro de sí. El Renacimiento logra combinar los principios cristianos con los de la cultura greco-latina, pero en función de los suyos propios y sobre una base superior de desarrollo social; concibe un nuevo tipo de dominio, la naturaleza, y el individuo: he aquí sus conquistas. De ellas nacen dos miradas: el panteísmo y la concepción moderna del Estado. En aquél el Dios cristiano desciende, se humaniza, se integra en el mundo; en ésta, la Razón, guiada por el fin de dominar la Naturaleza, quiere subordinar a sí lo irracional que hay en la historia. Entonces, surge el principio de la Razón autónoma, que bajo múltiples formas, ya disimuladas, ya explícitas, ya en franco antagonismo, ya bajo fórmulas de compromiso, se opone al espíritu y al poder de la Iglesia, así como a todo el régimen feudal.

En el orden de la naturaleza esta Razón es mecanicista, y opera, como única base de conocimiento, con la observación, la experiencia y la reflexión. Su arquetipo es la matemática y a ella pretende reducir la multiforme riqueza y variedad de todo lo natural. Galileo expresa este ideal en una sentencia lapidaria: "El gran libro de la naturaleza —dice— está escrito en caracteres matemáticos". En el orden civil esta Razón es una Razón individualista y laica. Concibe la sociedad como un conglomerado de voluntades aisladas cuyo único lazo es el contrato. El Estado que se funda en el dominio de la tierra y en el trabajo servil es sustituido por un Estado que se apoya en el capital y en el trabajo libre. El Estado contractual, único nexo jurídico entre los individuos, descansa sobre el mercado, único nexo económico. Al dominio de la tierra y de la espada sucede el dominio del mercado y del dinero (Raurich, 1965: 119-121).

El Renacimiento y la visión del cuerpo

Un escenario con características así, propiciaría el surgimiento del concepto del genio en que el hombre ya no se siente, como en la Edad Media, reflejo disminuido de una genialidad sobrenatural, sino dueño de sus propias fuerzas y poseedor de un brío inédito. Entonces, los pintores comenzaron a firmar sus propias obras, como el facsímil de una individualidad que se concretaba en un nombre autónomo. Leonardo Da Vinci ya no temía introducirse quirúrgicamente en el cuerpo humano, superando la prohibición medieval de penetrar en él; logró fundir en una sola síntesis anatomía y pintura. Gracias al conocimiento minucioso del cuerpo y de sus interioridades se consigue, ahora sí, dibujar la humanidad material con una precisión matemática; los huesos ya no son imaginados, sino medidos. Ya no son estiramiento gótico, sino proporción mensurable. La ciencia y el arte dejan de ser ajenos y se hermanan y funden. Cambia la percepción del cuerpo: antes, objeto sagrado que no podía ser sujeto de disección, ahora es manipulado al antojo del investigador y del artista para descifrar sus misterios.

Y se transforman las identidades del cuerpo. Julieta, para abrazarse a Romeo, niega, por ejemplo, que su cuerpo sea cobijado por su apellido: "¿Qué es Montesco? No es ni mano, ni pie, ni brazo, ni rostro, ni parte alguna que pertenezca a un hombre" (*Romeo y Julieta*, Acto II, Escena II). Falstaff es uno de los personajes que más le rinde culto a su cuerpo obeso, aunque al final termina abominándolo, tras su fracaso con las mujeres. El cuerpo antes armónico, perfecto, según las exigencias clásicas renacentistas, ahora cambia su identidad emblemática, y cede a la deformación. En *Las alegres casadas de Windsor*, Falstaff, a quien alguien llama *el borracho flamenco*, nos dice: "Te doy las gracias, precioso cuerpo. Que digan después que eres enormemente gordo. Con tal que agrades, lo demás no importa" (Acto II, Escena II). La desmesura física en Falstaff sugiere una deformación interior.

Los poemas o cancioneros acogidos bajo el nombre de *Carmina Burana*, la sátira pagana como expresión de la cultura popular en la Edad Media —el fisiologismo grosero y grotesco: la risa corporal como elemento regenerador, la caricatura, la mueca, la máscara, el reino previo de Arlequín—, todo ello con Rabelais y Erasmo de Rotterdam habían contribuido no poco a anticipar una visión adelantada del cuerpo. Era el caos osado, material y festivo. Los pedazos de material del vestido de Arlequín —emblema de la risa que se impondría en la escena italiana, a partir del siglo XVII— parecieran significar la fusión de elementos contrarios, el juego y la seriedad, lo pomposo y lo ridículo, así como una metáfora del hombre pequeño, vestido con retazos, con restos o desechos de la sociedad. Ese nuevo traje de Arlequín —que en realidad tiene bastante de disfraz— muestra una exterioridad fragmentada; insinúa el cuerpo que se goza sus emociones extremas y contrarias y que, pedaceando las formas, se burla modernamente de la armonía y de la unidad clásicas. Ya no es el atuendo severo y riguroso del príncipe, sino la máscara caótica y reveladora del saltimbanqui. Arlequín revela el traje heterodoxo, anticipado, de la democracia que al fusionar fragmentos de la cultura popular, se excita provocadoramente con el ridículo. Su figura espigada sugiere una alegoría esqueletizada del hambre, pero también la elasticidad plástica, aérea, de la risa y su versatilidad perpetua, ajena a la rigidez de los cánones. La espada de madera en el cinto de Arlequín constituye una burla de la tradición caballeresca, una sutil refutación de los ejércitos que exhiben su heráldica guerrera y sus metales sangrados, tras dejar el campo sembrado de víctimas.

La pintura de madonas del Renacimiento son investigaciones sobre el cuerpo, aunque referidas a una visión estable, en que reina la proporción, el orden, el equilibrio, la exactitud, el ritmo, la estabilidad, y la armonía. El matrimonio de arte y ciencia implicó una apertura hacia el conocimiento del mundo desde una perspectiva nueva, en que a lo mensurable se le otorgó una confianza y una fe, distinta de la fe en lo sobrenatural. Era la confianza en las capacidades humanas. El artista ya no tendía a preguntarle a las alturas sobre la validez de sus conjeturas, sino que se preguntaba a sí mismo o a sus colegas, sin renegar ni desconocer necesariamente la Divina Providencia.

En la obra *Julio César*, por ejemplo, se expresan las amenazas del Cielo. Pero ese Cielo es el vocero de los dioses, en minúscula, y no el vehículo de Dios, el que en ningún caso aparece. El propio César se pregunta: "¿Cómo puede evitarse que se cumpla lo que hayan dispuesto los altos dioses?". Y Calfurnia, su esposa, le responde: "Cuando muere un mendigo no aparecen cometas. La muerte de los príncipes inflama a los propios cielos" (Acto II, Escena II). Aquella obra es el punto de partida hacia algo nuevo. De acudir a fuentes poco relevantes —novelas secundarias o dramones sin trascendencia—, ahora *Julio César* procede de la lectura de un clásico y una obra insignes: las *Vidas Paralelas* de Plutarco (Chute, 1960: 186). 1599 es el año en que Shakespeare se consagra a la redacción de tres comedias románticas: *Noche de reyes, A vuestro gusto* y *Mucho ruido y pocas nueces*. El respeto medieval por el cuerpo muerto y su recinto sepulcral es ahora redimensionado con violencia. Macbeth, por ejemplo, no vacila en exclamar: "¡Si los cementerios y sus tumbas nos devuelven a los que enterramos, nuestros sepulcros serán los vientres de los buitres!" (Acto III, Escena IV).

Aquel entorno renacentista ya no toma distancia de la corporeidad humana: introduce la mano hasta su esqueleto, lo toca, lo manipula, lo abre y lo cierra, sin preguntarle a ninguna divinidad. Tal percepción trasciende a las obras de nuestro dramaturgo; él transforma el cuerpo a su antojo para expresar el *pathos* que invade a sus personajes. En este marco, la tragedia *Romeo y Julieta* —escrita en 1597—, no teme usurparle a Dios, por medio de sus personajes centrales, el derecho a quitarse la vida; Shylock, el hebreo de *El Mercader de Venecia* no teme desafiar a su deudor con la garantía de tener que despojarse de una libra de su propia carne si no le paga la deuda; Ricardo III aparece deforme —aunque no lo fuera históricamente— sin duda —una versión física más deforme que Falstaff— como un reflejo de su degradación interior. Recordemos que en *Noche de Epifanía* uno de los personajes apunta: "Unicamente el malvado es deforme" (Acto III, Escena IV). La fuerza de la economía mercantil y en particular del dinero se lee en diversas partes, por ejemplo, cuando Romeo, haciendo el elogio de Julieta, expresa: "(...) ni abrirá su seno al oro seductor de santos".

Erótica y Renacimiento

En otro sentido, semejante y distinto, un Romeo renacentista lamenta que el voto de castidad de Julieta la marchite y prive a la posteridad de su belleza. Así, emprende una afirmación del erotismo corporal que lo aleja de la Edad Media. Tanto en Romeo como en Julieta hay una actitud nueva, ejemplo de modernidad. Ella se desprende de la sangre, del linaje de Montesco que tiene Romeo y lo acepta en su individualidad autónoma, como si otra sangre comenzara con él. Es decir, ella mata la historia anterior de los abolengos contrariados y resuelve hacer de la mano de su amado borrón y cuenta nueva. Igual ocurre con él. Romeo irrumpe: "¡Sólo tu nombre es mi enemigo!". Nótese la abolición feudal de una tradición de apellidos por la fuerza del amor. Y gracias a una estocada lingüística. Así triunfa la individualidad erótica sobre el pasado y las identidades son alteradas barrocamente. Ellos ya casi no son producto de sus familias, Montescos y Capuletos, sino producto de sí mismos. Su verdadera nueva sangre es el amor.

La facilidad con que Romeo abandona a Rosalina —a quien idolatraba—, por Julieta deja ver que el Renacimiento ha contribuido a que las costumbres pierdan rigidez. La igualación por el amor, entre Romeo y Julieta, impregna de política el erotismo, pues las relaciones de poder se establecen ahora desde correspondencias subjetivas y no atendiendo a las tradiciones familiares. Es como si la acción teatral triunfara sobre el lenguaje. Julieta exclama: "¡Romeo, rechaza tu nombre; y, a cambio de ese nombre, que no forma parte de ti, tómame a mí toda entera!". Las altas tapias que debe remontar Romeo para llegar a Julieta, cuando él está abajo y ella arriba en la ventana, no sólo reflejan cómo se espacializa físicamente el altar interior en que él la tiene a ella, sino que sintetiza las dificultades que los dos apellidos deben superar para encontrarse y abrazarse.

Este episodio expresa escénicamente, en la relación visual entre lo alto y lo bajo, la devoción del amor cortés: él mira hacia arriba, ella hacia abajo. Arriba ya no está el cielo de la Edad Media, sino el erotismo renacentista. Aquí pareciera entrar para siempre la noche como entorno romántico de los enamorados. Julieta enfatiza: "¿Quién eres tú, que así, envuelto en la noche, sorprendes de tal modo mis secretos?". La noche es, de manera clarísima, cómplice renacentista de los amantes. Romeo presagia el aéreo vuelo nupcial con estas palabras: "Con ligeras alas de amor franqueé estos muros". Una de las mayores tensiones dramáticas de la obra proviene del hecho de que Romeo, quien acaba de matar a Teobaldo para vengar la muerte de Mercucio, llegue a unirse a la virginal Julieta, con las manos manchadas de sangre. En *La tragedia de Macbeth*, Lady Macbeth expresa a través de la metáfora de la noche el horror que colma su ser: "¡Baja, horrenda noche, y envuélvete como con un palio en la más espesa humareda del infierno! ¡Que mi agudo puñal oculte la herida que va a abrir, y que el Cielo, espiándome a través de la cobertura de las tinieblas, no puede gritarme '¡Basta, basta!...' " (Acto i, Escena v).

Una poética de la noche

No sobra recordar que el amor medieval, a diferencia de esta percepción nocturna, renacentista del erotismo, estaba ligado a fuerzas diurnas, solares. En el *Tratado del amor cortés* (siglo XIII) de Andrés *El Capellán* se menciona un palacio situado en el centro del mundo, con cuatro fachadas suntuosas: "el rayo ígneo del amor" viene de Oriente, es decir, de donde procede la luz. Así, la percepción medieval del amor estaba ligada a una visión ígnea, ajena a la oscuridad. Tampoco es ahora la oscuridad en la que reina la devoción religiosa o la pesadilla infernal, aquella mitología noctámbula que obsesionó a Jeronimus Bosch, como un epílogo de la Edad Media. Ahora, bajo el reinado de Shakespeare —que se prolonga hasta hoy—, el instinto enamorado se ha apropiado de la oscuridad y administra los sueños como soles nocturnos iluminadores de la pasión.

El largo monólogo de Julieta cuando espera la llegada de Romeo, constituye una poética de la noche. Romeo es el otro yo de la noche, cuyas sombras los cobijarán. Y, al propio tiempo, es la mansión que dará albergue a su amor. La noche invierte su sentido: resulta siendo fulgor iluminador, sobre todo cuando llama al amado "día en la noche". No cabe duda de que esta epifanía nocturna, en diversos momentos de la obra, contribuyó no poco a despertar siglos más tarde, durante el auge del movimiento romántico, la devoción por una nocturnidad ligada al erotismo carnal. Julieta, en su monólogo extasiado (Acto III, Escena II), iguala a Romeo con la noche, trastocando de momento su identidad. De ese modo, la ceguera del amor queda fundida en la noche y los imaginarios instintivos y amatorios son todos acogidos bajo el seudónimo de las sombras. Romeo, al ser *noche*, sin dejar de ser un humano, se convierte a la vez en tiempo y espacio y en claridad estrellada bajo la negrura.

La condición femenina

La obra corrige, por medio de Julieta, la tradición feudal consistente en que una mujer no puede desobedecer al padre la orden de casamiento. La causa que origina el suicidio de Julieta no deriva únicamente de la imposibilidad de unirse a Romeo: al morir evita ella unirse al conde Paris, candidato impuesto por sus padres, los Capuleto. El suicidio de Julieta es una venganza renacentista contra una tradición familiar rígida e inhumana. Su decisión promueve una nueva actitud femenina, una nueva percepción del entorno familiar, desde una mirada secular, autónoma. Las aterradoras palabras de desprecio con que Capuleto pretende humillar a su hija, ante su negativa de aceptar la boda, reflejan la minusvalía en que estaba la mujer, sobre todo en la desobediencia, y la crueldad paterna, ejercida casi cínicamente, a nombre del honor. La advertencia inicial, por parte de aquél, de que la voluntad de Julieta forma parte de su albedrío, resulta siendo demagógica.

Uno de los ejemplos más extraordinarios de agudeza y vocación satírica, como manifestaciones de una siniestra inteligencia superior, lo encontramos en el personaje Lady Macbeth de *La tragedia de Macbeth*... Leyendo la firmeza aterradora de este personaje, es inevitable pensar en un ícono inspirador: Isabel 1 de Inglaterra. El interrogante sobre si el dramaturgo exaltaba o no a las mujeres ha inquietado a los críticos... "responder a la pregunta de si Shakespeare es machista o feminista es demasiado pretencioso, dada la ambivalencia y ambigüedad existente en sus personajes y situaciones" (González, 1993: 98).

Julieta anticipa, sin duda, a las mujeres del rango de Madame Bovary. En *Julio César*, Porcia, esposa del noble Bruto, en un tiempo por supuesto anterior al Renacimiento, reflexiona sobre su condición femenina: "Que no soy más que una mujer, lo admito; pero, al mismo tiempo, una mujer que Bruto eligió por esposa. Acepto que no soy más que una mujer, pero a la vez una mujer bien reputada, ¡la hija de Catón! ¿Pensáis que no soy superior a mi sexo teniendo tal padre y tal esposo?" (Shakespeare, 1961: 1302).

Una de las más claras afirmaciones de la mujer renacentista frente a una tradición rígidamente masculina, la leemos en el discurso de Emilia, frente a la atormentada Desdémona, en *Otelo*:

(...) yo creo que cuando las mujeres caen, la falta es de sus maridos, pues o no cumplen con sus deberes y vierten nuestros tesoros en regazos extraños, o estallan en celos mezquinos, imponiéndonos sujeciones; o nos pegan y reducen por despecho nuestro presupuesto acostumbrado. ¡Pardiez!, tenemos hiel, y aunque poseamos cierta piedad, no carecemos de espíritu de venganza. Sepan los maridos que sus mujeres gozan de sentidos como ellos: ven, huelen, tienen paladares capaces de distinguir lo que es dulce de lo que es agrio, como sus esposos. ¿Qué es lo que procuran cuando nos cambian por otras? ¿Es placer? Yo creo que sí. ¿Es el afecto lo que les impulsa? Creo que sí también. ¿Es la fragilidad que así desbarata? Creo también que es esto. ¿Y es que no tenemos nosotras afectos, deseos de placer y fragilidad como tienen los hombres? Entonces que nos traten bien, o sepan que el mal que hacemos son ellos quienes nos lo enseñan (Acto IV, Escena III).

Un homenaje a los sueños

La formidable evocación de la reina Mab, realizada por Mercucio, en *Romeo y Julieta*, pareciera inspirarse en la pintura miniaturista flamenca que surgió a comienzos del Renacimiento, en altas figuras como el ya mencionado Jeronimus Bosch. Veamos un fragmento de aquel texto, una de las páginas más llamativas de la obra entera de Shakespeare, que configura por sí sola un agudo poema, por su eficacia mágica, por la riqueza de las imágenes, la capacidad de sorpresa, la evocación de lo invisible, el ritmo sostenido y la vistosidad expresiva. En visiones así estaría el origen de ejemplos de reducción y ampliación que vendrían, primero, en la pluma de Jonathan Swift, en *Los Viajes de Gulliver,* y más tarde en Lewis Carroll, en *Alicia en el país de las maravillas.*

Se trata de un homenaje a los sueños y a los cinco sentidos como medios para captar y capturar lo aéreo y lo invisible. Es inevitable pensar en la protagonista, reina Mab, como la Musa de toda poesía. Pero como estamos ante la paradoja barroca, también en la Musa que pierde su identidad cuando necesita transformarse en bruja. Shakespeare escribe en aquella obra, por boca de Mercucio:

¡Oh! Ya veo, pues que ha estado con vos la reina Mab. Es la partera de las ilusiones, y llega, bajo un tamaño no más grueso que el ágata que brilla en el dedo índice de un regidor, arrastrada por un tronco de atomísticos corceles, a pasearse por las narices de los hombres mientras están dormidos. Los radios de las ruedas de su carroza están fabricados de largas patas de araña: los arneses de húmedos rayos de luna; su látigo de un hueso de grillo; la tralla de un hebra sutil. Su cochero, un pequeño mosquito de librea gris, ni la mitad grande como el redondo gusanillo que se extrae con la punta de un alfiler del perezoso dedo de una doncella. Su carroza es una cáscara de avellana, labrada por la carpintera ardilla o el viejo gorgojo, desde antiguos tiempos artífices de carruajes de hadas. Y en ese tren galopa, noche tras noche, por los cerebros de los enamorados, que en seguida sueñan con amores, sobre las rodillas de los cortesanos, que al punto sueñan con reverencias; por los dedos de los abogados, que al instante sueñan con minutas; sobre los labios de las damas, que acto seguido sueñan con besos, labios que Mab, enfurecida, infecta a menudo, atormentándose con ampollas, por haber viciado el aliento con golosinas aromáticas. Algunas veces cabalga sobre la nariz de un palaciego, y entonces sueña que ventea una promoción; y otras, con el rabo de un lechón del diezmo, cosquillea en la nariz de un párroco mientras está dormido, e instantáneamente sueña en la prebenda inmediata. También se la ve pasear por el cuello de un soldado, y al momento sueña con degüellos de enemigos, brechas, emboscadas, hojas españolas, brindis y tragos de cinco codos. Y entonces suena de repente el tambor en sus oídos, con lo cual él da un salto y se levanta, y con semejante susto reniega una oración o dos y se duerme de nuevo. Esta Mab es la misma que trenza las crines de los caballos en la noche y conglutina las greñas de los duendes en sucios y feos nudos, que una vez desenmarañados pronostican grandes desventuras. Esta es la bruja que, cuando las doncellas duermen de espaldas, las oprime y las enseña a resistir por primera vez, haciendo de ellas mujeres de buen llevar (*Romeo y Julieta,* Acto I, Escena IV).

ÓRBITAS DE SHAKESPEARE

La "Era isabelina"

¿Cómo llegó Shakespeare a una visión rotundamente humana de la creación dramática? Conviene recordar que su educación familiar fue anglicana y que esa cultura religiosa ganó terreno, bajo el reinado de Isabel, como estrategia política, en parte, contra la vigilancia acosadora de España y Francia. Estos dos países ansiaban y perseguían, por todos los medios, ayudarle a la reina a superar su aburrida virginidad proponiéndole un consorte católico que, de una parte, les abriera la entrada a la injerencia papal, y de otra, a la dominación política. Así la Europa católica estaría más tranquila. Los embajadores ocupaban buena parte de su tiempo en el espionaje sexual de la reina, para saber quién dominaría a Inglaterra. Y, andado el tiempo, planeando con obsesiva minuciosidad su desaparición.

La soberana era oficialmente virgen. Sin duda, la virginidad fue en Isabel I una aguda estrategia política para evitar que ningún varón, nacional o extranjero, al convertirse en consorte imperial, se apoderara del país. Y lo logró. Pero al mismo tiempo la ausencia de descendencia hacía inseguro el futuro del trono y oscurecía el horizonte político. En tiempos en que casi todo el mundo creía en las brujas, Isabel I de Inglaterra era, en las mentes febriles, la principal escoba voladora de Europa. La ejecución de María Estuardo, reina de Escocia, quien habría ocupado el trono de lograr la muerte de su prima Isabel, contribuyó a alejar el peligro y a afianzar el protestantismo en Ingaterra. Es decir, el distanciamiento radical del catolicismo. Era la respuesta a las conspiraciones contra la soberana, la última para asesinarla, planeada por María, aspirante al trono y planeada por los franceses. Si daban muerte a la reina de Inglaterra, podrían abolir los obstáculos de turno contra la Reforma dejada por Enrique VIII, que venía haciendo una carrera triunfante desde 1527. La muerte de María Estuardo bajo el hacha y la invitación exclamatoria del deán a su perro *Geddon* a que bebiera su sangre derramada, parece es-

La Armada Invencible —denominación irónica— fue encargada por Felipe II de rescatar Inglaterra para el catolicismo. Al mismo tiempo, el Consejo de Estado había resuelto en Madrid, el 7 de julio de 1571, ordenar el asesinato de la soberana de Inglaterra. Con la derrota de la Armada subió el prestigio de Isabel y cayó el de España.

En lo religioso, Isabel Tudor —nombre que tenía antes de subir al poder— se formó en San Cipriano. Se educó ella con los mejores humanistas de su tiempo: John Cheke, profesor de latín y griego de Cambridge, Richard Cox, joven eclesiástico, William Grindal, solvente helenista, el francés Jean Bellemain, Battista Castiglione, autor de un célebre tratado sobre educación.

En 1523, Luis Vives, célebre teórico español de la educación, proclamó que las mujeres sabias resultan sospechosas y sólo pueden "alimentar una malignidad innata".

Isabel I contrarió estas teorías más propias de la Edad Media que de un Renacimiento avanzado. Y, sin embargo, en su Consejo había trece católicos moderados, no comprometidos con la persecución a los protestantes (Ducheim, 1994, 45, 47 y 134).

crita por Shakespeare. Se da por aceptado que la sedición violenta de 1593-94, que dejó cerca de quince mil muertos, influyó significativamente en el dramaturgo.

Isabel Tudor

El triunfo de Inglaterra sobre la española Armada Invencible afianzó a Isabel I en el poder. A ello contribuyeron los asaltos marítimos del aguerrido pirata Francis Drake, encargado de arrebatar tesoros a las flotas y galeones de la península, cuando no a los portugueses.

Drake —un bárbaro exquisito que comía en platos de oro y se rodeaba de objetos de arte, músicos y cartógrafos— devota y patriotamente, como una especie de súbdito privado, entregaba sus ricos botines a la reina. En 1595 el célebre corsario, en su travesía por Centro América, saqueó de paso a Santa Marta y a Riohacha, en Colombia.

La avanzada educación propagada entonces puede verse en el ejemplo de la reina Isabel I quien, modelada tanto por su temperamento de hierro como por las urgencias del momento y por esa fe calvinista que otorgaba privilegios terrestres, vivía cuidadosamente informada de la situación política continental, manejaba los asuntos del Estado con el pulso de un relojero y la firmeza de un Moisés; tocaba un instrumento llamado el *virginal* —abuelo del clavicordio—, hablaba tan fluidamente el italiano, el español y el francés como el inglés, conversaba y escribía cartas en latín. Leyó atentamente, entre otros, a Cicerón y a Tito Livio, a Sófocles, a Platón y a Séneca...

Una mujer emblemática

Aquella soberana, valiente, majestuosa, pero físicamente frágil, calva y casi sin dientes; estampada en los retratos con una altivez radiante; virgen a medias, pero respetada por su esqueleto sin mácula; temblorosa pero invencible, dos pulgares en la mano derecha, configura una identidad de contrastes barrocos. Es como si Isabel inventara a Shakespeare y éste, a su vez, construyera a Isabel. No en vano el dramaturgo llegaría a ser su autor favorito, según lo confirman los biógrafos y críticos, y a ella le ofrecería, presentándose personalmente, una obra: *La comedia de las equivocaciones*.

La era isabelina abarcó en el ámbito cultural de 1580 a 1630. Una paradoja en la vida artística de Shakespeare radica en que mientras trabajaba para la compañía de la reina Isabel, y de Jacobo después, el dramaturgo emprendió feroces críticas encubiertas al sistema y a sus instituciones, como ya lo hemos sugerido: reyes corruptos y asesinos, nobles degradados por el absolutismo, timadores palaciegos... Así se explica la dificultad de montar *Ricardo* II, un monarca derrocado y ajusticiado (Bregazzi, 1999: 19 y 87). Estas prohibiciones dejan ver con claridad que las obras del dramaturgo están impregnadas de un realismo profundo. Como decíamos, el realismo forma parte de los arsenales del barroco shakespeareano.

En la familia del nuevo soberano irrumpió una experiencia que armoniza con las páginas de Shakespeare. Jacobo I tuvo tres hijos: Isabel, Enrique y Carlos, el menor; el cual sería decapitado por sus propios súbditos. Tal hecho recuerda, por supuesto, que siglos más tarde los siervos de la finca ajusticiarían al padre de Fiódor Dostoievski, por su impiedad feudal. Croce, riguroso crítico moderno italiano, ve la esencia de la inspiración shakespereana "en el sentido de los contrastes dentro de su unidad vital" (Praz, 1975: 183). Es indudable que la presencia icónica de Isabel I y acaso la de su prima, María Estuardo de Escocia, nutrieron formidables presencias femeninas en la obra de Shakespeare, como Viola, Rosalina, Julia, Porcia, Lady Macbeth... La reina de Inglaterra fue diestra en manejar, según las urgencias políticas, la tersura femenina y una implacable firmeza extraída de su ademán varonil. No ahorraba esfuerzo para invitar a toda ceremonia a uno de sus mayores enemigos: el embajador de España. El vigilante era vigilado. La probable androginia de mujeres modeladas por Shakespeare en sus obras sería reflejo, ya de aquella doble cara del ícono imperial, ya de la conocida duplicidad sexual del propio dramaturgo, ya de un cruce de las dos nutrido, además, con agudas lecturas y con las exigencias poéticas y teatrales que su estrategia artística le imponía.

La androginia

Óscar Wilde ha hecho notar que el afeminamiento de los trajes en la época de Ricardo II —doscientos años atrás— y la pasión del rey por los atuendos fastuosos y las modas extranjeras configuran un rasgo particular de la obra, al tiempo que destaca en Shakespeare su sátira de los dandys isabelinos "que se creían bien vestidos porque sus jubones venían de Italia, sus sombreros de Alemania y sus calzas de Francia" (Wilde, 1946, III:

295-296). Es útil recordar que en *Las alegres casadas de Windsor*, Caius, el médico francés, bajo la mascarada de una comedia de hadas en la que Shakespeare trabaja la técnica de la caja china —una comedia dentro de otra—, el personaje resulta involuntariamente casado con un muchacho.

La condición homosexual debió servirle a Shakespeare para sospechar, desde su propia experiencia, la imaginación corporal femenina y su sistema de percepciones y reacciones. ¿Quién era el joven bello y rubio —*fair youth*— a quien Shakespeare dedica los primeros diecisiete sonetos? ¿Era un amor homosexual o una amistad? La dificultad de dar respuestas nos obliga a dejar suspendidos los interrogantes. Para el historiador francés Michel Ducheim, uno de los componentes culturales de la era isabelina es la "homosexualidad efébica" (Ducheim, 1994: 539). La prohibición de que en el teatro isabelino las mujeres ingresaran a la escena y los hombres las representaran, encaja bien en este contexto. El impedimento primó hasta 1654. (Astrana Marín, 1961: 33). La vestimenta masculina tenía entonces un acento, acaso más cercano a las delicadezas femeninas que a un énfasis masculino. La gestualidad de los caballeros tendía al amaneramiento. Isabel I pareció sobrarse en fortaleza, dando una imagen varonil a su gobierno; además de la conocida entereza política, se comportaba como si fuera superior a la muerte; durante toda su vida desdeñó las medicinas y ninguno de los doce médicos que la asistían lograron persuadirla de tomar ninguna (Chute, 1960: 217).

Y en contraste, el vigor masculino de la reina Isabel induce a pensar que la androginia era un elemento no tan cifrado del estilo ceremonial e institucional dominante. En *Julio César*, Porcia, la esposa de Bruto, exclama: "¡Tengo el espíritu de un hombre, pero mi fortaleza es de mujer!" (Acto II, Escena IV). En *Los dos hidalgos de Verona* el autor combina por primera vez sus dos técnicas favoritas: "El viaje a través del bosque y el travestismo de la heroína" (Bate, 2000: 191). En *Noche de epifanía* hay un enredo magnífico, gracias a la confusión de los sexos: la rica condesa Olivia se enamora de Viola, disfrazada de hombre, mientras Viola está prendada de su amo, el duque, quien a su vez sueña con Olivia. En *El mercader de Venecia*, Porcia asiste al tribunal disfrazada de abogado y Nerissa de escribano.

Un acercamiento a la llamada era isabelina y a su contexto histórico social y político, debe tener en cuenta la propuesta de Óscar Wilde, cuando escribe:

> (...) el que desee entender bien a Shakespeare debe entender las relaciones en que Shakespeare se encontraba con respecto al Renacimiento y la Reforma, a la época de Isabel y la época de Jacobo; debe estar familiarizado con la historia de la lucha por el predominio entre las viejas formas clásicas y el nuevo espíritu romántico, entre la escuela de Sydney, Daniel y Jonson, y la escuela de Marlowe y de su hijo, más grande que él; debe reconocer los materiales que tuvo Shakespeare a su disposición, y la manera en que los empleó, y las condiciones de la representación escénica en los siglos XVI y XVII, sus limitaciones y sus probabilidades de libertad, y la crítica literaria del tiempo de Shakespeare, sus fines, modalidades y cánones (Wilde, 1946, III: 144-145).

Una deuda de Shakespeare

Es difícil precisar cuánto le debe Shakespeare a la recia personalidad de Isabel I y al brío, astucia e inteligencia emprendida por su gobierno. Examinar el complejo entramado de las relaciones internacionales de entonces; introducir la mirada en la recámara de la reina para espiar el comportamiento de sus admiradores devotos; hacer hablar a los muros de la torre de Londres para que realicen el balance de los decapitados; oír las voces obedientes a la reina, de las inteligencias más afiladas de Inglaterra; descifrar en los espejos esa máscara de carne que se iba deshaciendo en vida y que respondía al nombre de Isabel; observar el *Royal Progress*, esos viajes regios a la provincia, presididos por la soberana, a veces con un séquito hasta de mil personas y que en una sola visita era capaz de arruinar a los "generosos" anfitriones feudales. Las peripecias marítimas para saquear y liquidar naves extranjeras; la firmeza frente al Vaticano y al acecho europeo, todo ello, contribuyó, sin duda, a hacer más intensa y más nutrida de contrastes la obra entera de nuestro dramaturgo.

No hemos vacilado en afirmar que Isabel I formó parte del genio de Shakespeare. El surgimiento de nuestro dramaturgo se apoyó y contribuyó en la consolidación del idioma inglés. "Fue en el siglo XV cuando empezó en Inglaterra la normalización lingüística tan decisiva para su identidad nacional y tan imprescindible para la literatura isabelina. La variedad que se impuso, y que constituyó la base del inglés moderno, fue la que se utilizaba en la chancillería [sic.] de Westminster" (González, 1993: 31).

El escepticismo vital y la Inglaterra calvinista

Como anota Michel Ducheim, el movimiento humanista tanto en Inglaterra como en el ámbito continental estaba íntimamente ligado a la renovación evangélica. Al morir Enrique VIII, en 1547, el partido protestante se consolidó en el poder, con Eduardo Seymour. El calvinismo negaba en gran parte la tradición y abolía ceremonias. La supremacía calvinista empezó con la demolición de iglesias. De los siete sacramentos tradicionales, la Reforma de Enrique VIII no reconocía más que tres y prohibía las creencias en el purgatorio. El inglés sustituyó al latín en la capilla real. En 1538 un crucifijo milagroso fue quemado en Kent. La misa fue rechazada por blasfema, bajo la consideración de que el sacrificio de Cristo no era renovable. Los ornatos litúrgicos fueron abolidos. El Parlamento dominaba formalmente a la Iglesia de Inglaterra. Con la Ley de Supremacía de 1559 se produjo en Inglaterra el despojo de la Iglesia católica y la imposibilidad de volver con Roma, actitud que mantuvo firmemente Isabel en toda su vida, no sin intensos forcejeos políticos y luchas militares. Estos cambios resultaban asombrosos y pasmosamente veloces si se piensa que en 1527 Europa occidental e Inglaterra, eran católicas. Todo se entiende mejor si recordamos que la formación de Isabel fue desde niña tan extraña al catolicismo y al Papa, como el agua al aceite (Ducheim, 1994: 18-112).

El protestantismo era considerado hereje por los católicos, lo que ayuda a explicar por qué el Papa excomulgó primero a Enrique VIII y luego a su hija, Isabel. La soberana y el joven Shakespeare tuvieron una educación cobijada bajo los mismos principios religiosos. "La religión administrábase con mano firme en Stratford, al igual que en el resto de Inglaterra. La religión y la política guardaban íntima relación entre sí y, por tanto, se sobrentendía que todo ser humano leal a la Reina, éralo, asimismo a la Iglesia [protestante] de Inglaterra" (Chute, 1960 :15).

La Reforma y la tragedia moderna

Isabel forjó el orgullo nacional de jamás aceptar ni permitir ser gobernados por un extranjero. La obsesión de Felipe II por apoderarse de Inglaterra tocaba los límites del delirio. En aquel ámbito de patriotismo expansivo, es difícil no suponer que la obra de Shakespeare, surgida en plena efervescencia isabelina, respondía en buena parte al anhelo de una afirmación nacional.

¿Qué relación se podrá establecer entre el sentido de lo trágico en Shakespeare y el protestantismo imperante en Inglaterra? "En el pensar moderno un destino se vuelve trágico sólo mediante su afirmación. El parentesco espiritual de esta idea de lo trágico con el pensamiento protestante de la predestinación es innegable y aunque quizá no hay en ello ninguna dependencia directa, existe en todo caso un paralelismo desde el punto de vista de la historia de las ideas, que permite aparecer llena de sentido la simultaneidad de la Reforma con la formación de la tragedia moderna" (Hauser, 1964, 1: 467-468).

En el contexto del presente esbozo biográfico no afirmamos, ceñidos a la historia, que la educación calvinista protestante fuera superior o inferior a la católica sino que sus contenidos eran distintos y más cercanos a una visión liberal que favoreció, de comienzo a fin, la implacable autonomía creadora de Shakespeare. Es conocido el pragmatismo protestante y su devoción religiosa por el trabajo capitalista. Italia y Francia nada tenían que envidiarle a Inglaterra, por ejemplo, en cuanto al número de mujeres ilustres. Interesa también enfatizar el brío expansivo del calvinismo en Inglaterra. "No cabe duda que el entorno cultural de Isabel en su juventud era predominantemente protestante, desde antes de la muerte de su padre y más todavía después de ella" (Ducheim, 1994: 46-47). ¿Favoreció el protestantismo, en las obras de Shakespeare, el desarrollo de un ateísmo cifrado y de un escepticismo explícito? Debemos recordar que la Reforma de Enrique VIII casi liquidó el drama religioso.

La cultura liberal

Conviene tener en cuenta que algunos de los comediógrafos que iluminaron la obra de Shakespeare eran ateos notorios. Marlowe, por ejemplo, fue acusado públicamente de ateísmo y esa actitud le costó la vida. Thomas Kyd era otro descreído. El Tamerlán de Marlowe parece creerse el azote de Dios... Y el entorno ofrecería una recia colaboración: bajo el reinado de Isabel "No se utilizaría (...) [el] recurso de 'bajada celestial' para santos o figuras bíblicas, puesto que el teatro isabelino era oficialmente 'secular', hasta el extremo de que en el año de 1606, se llegó incluso a prohibir la mención del nombre de Dios en escena" (Portillo, 1987: 94).

Estas actitudes se inscriben en un tiempo y un proceso que propaga una nueva percepción del mundo. La irrupción de Copérnico y Galileo que refutaban las viejas teorías ptolemaicas, los nuevos descubrimientos científicos, todo ello impuso, necesariamente, una nueva relación con la divinidad (Bregazzi, 1999: 18). La expansión teatral isabelina respondió a una visión liberal de la cultura. La misma que les permitía a espectadores de distintos niveles sociales, sensibilizarse y distraerse con el teatro. En particular, como ya se sugirió, las representaciones shakespeareanas eran disfrutadas por gentes de toda clase y rango.

Aquella democratización de la escena hizo que la aristocracia intentara tomar medidas para diferenciarse y mantener la distancia: las *Leyes de vestimenta —Laws of apparel o Sumptuary Laws—* de 1597 impusieron que materiales como el terciopelo, tisú de oro o plata y el armiño sólo podían ser usados por la aristocracia, medida que no logró aplicarse (Bregazzi, 1999: 13). La tragedia *Ricardo* III, ya lo señalamos, circuló de manera clandestina y no fue editada en vida de Shakespeare. El modo como se imprime aquella obra, sin mencionar al autor, ofrece en la portada, una curiosa presentación: "La tragedia del rey Ricardo III, conteniendo sus pérfidos complots contra su hermano Clarence, el lamentable asesinato de sus dos inocentes sobrinos, su tiránica usurpación, al mismo tiempo que su odiada vida y su bien merecida muerte; tal como fue representada últimamente por los servidores del muy honorable lord chambelán. Impresa en Londres por Valentine Sims, para Andrew Wise, habitante en el cementerio de San Pablo a la señal del Ángel" (Astrana Marín, 1961: 50).

Shakespeare y lo humano

Por supuesto, no afirmamos que el entorno calvinista configurara una fábrica de ateos, pues en el extremo estaban los protestantes puritanos, guardianes feroces de su religión. En este punto conviene completar nuestras noticias sobre aquel poeta descreído, recordando que "Apenas dos semanas antes de la muerte de Marlowe, el Consejo privado del monarca —*Privy Council*— había dictado contra él una orden de detención por blasfemia y ateísmo" (Bate, 2000: 145 y 164). En este contexto se ha escrito también que "La religión en los dramas de Shakespeare es antropológica en el sentido de que está en relación con todo lo humano y carece, casi siempre, de significación divina, aunque lo sobrenatural surja a menudo" (Caramés Lage, 1987: 135). No es difícil suponer que el asesinato del poeta Cina, descuartizado por la multitud en *Julio César*, configure un homenaje al colega Marlowe, desaparecido.

La grandeza y trascendencia de la obra dramática shakespeareana no es sólo resultado de su arte, sino de su conocimiento y compromiso con lo humano (González, 1993: 52). "Shakespeare ve el mundo con los ojos de un burgués bien situado que piensa muy liberalmente, y es escéptico y en muchas cosas desilusionado (...) A pesar de sus simpatías por la vida señorial, Shakespeare se colocaba siempre de parte del buen sentido humano, de la justicia y del sentimiento espontáneo, donde quiera que estas virtudes burguesas entraran en colisión con los oscuros motivos de un romanticismo caballeresco irracional, de la superstición o del turbio misticismo" (Hauser, 1964, 1: 454-456).

La ortodoxia anglicana ejercerá más tarde su revancha, entre 1625 y 1660, que culminará con el triunfo del puritanismo. Entonces la *Biblia* inglesa sería el libro por excelencia que influiría en los destinos de la prosa nacional y en el habla popular (Praz, 1975: 226). El público contribuyó, por supuesto, a imponerle al dramaturgo un gusto determinado, no podía él sustraerse a las exigencias isabelinas de entonces. "Shakespeare escribió sus tragedias para un público y un contexto determinados" (Caramés Lage, 1987: 137).

Estética de la duda

Max Weber nos ha hecho notar, en *La ética protestante y el espíritu del capitalismo*, que uno de los aspectos más significativos de esta tendencia religiosa es la "predestinación": "En esta vida de los condenados, ninguna apariencia distingue a los elegidos, y en unos y otros son factibles experiencias idénticas" (Weber, 1999: 63 y 70). Por este camino, podemos advertir el desamparo en que se halla el hombre sin tener certeza alguna sobre si ha sido elegido para la condena o para la salvación. Esta dialéctica invisible pareciera estar en el fondo de las obras de Shakespeare, no porque el autor o sus personajes cultivaran necesariamente estas creencias, sino porque les vendría del entorno religioso imperante. La duda invade casi todos sus espacios literarios y tiende a resolverse por el camino de la tensión dramática. Así surge una estética vital de la duda en que ante la imposibilidad de ofrecer verdades absolutas, el *pathos*, la desesperación enaltecida por el arte, adquiere un rango de verdad.

Lo verdadero sería, entonces, lo artístico, ya que casi nada podría demostrarse como trascendencia acabada y única, dada la inmensa relatividad de los hechos humanos y su ánimo cambiante, según las épocas. Ello no implica que le adjudiquemos a Shakespeare una fe. No encontramos descabellado proponer que la vena pragmática, ligada al trabajo y reinante en el entorno de un protestantismo en alza, influyó significativamente en Shakespeare, contribuyendo a acercarlo a la realidad, por distintas vías, hasta fecundar como actitud permanente una duda eficaz. Recordemos que "Opuestamente a la concepción del catolicismo, lo característico y específico de la Reforma es el hecho de haber acentuado los rasgos y tonos éticos y de haber acrecentado el interés religioso otorgado al trabajo en el mundo, relacionándolo con la profesión" (Weber, 1999: 51).

El alejamiento de una religión concreta, protestante o católica, en *Hamlet* por ejemplo, nos dice mucho de la evasión universalista de Shakespeare y de su aptitud para aprovechar la influencia del ambiente. Ese alejamiento lo tiene por seguro Harold Bloom. No debemos descuidar que bajo aquella actitud descreída, que conviene a la obra, puede primar de manera latente, en Shakespeare hombre, la osadía protestante de imponer una libertad interpretativa del mundo. En otro sentido afirmamos que la cercanía al mundo de la experiencia, por la vía del calvinismo, contribuyó a dotar al dramaturgo de un realismo útil para el estudio de sus personajes. Es obvio que el protestantismo por sí mismo no lo haría genio, tampoco alejarse del catolicismo. Sino su manera personal de asimilar aquella intensa influencia, en comienzo, íntimamente ligada a su vida como un torrente circulatorio. Asistiríamos, más tarde, en la historia de Inglaterra, a una empresa artística, animada por la religión protestante. El puritanismo —en tiempos de la dictadura de Cromwell, propagador del protestantismo— contribuiría de algún modo a gestar un escritor de colosal estatura: John Milton, el formidable autor de *El paraíso perdido* (Praz, 1975: 225).

En el marco del calvinismo surgieron escritores escépticos y descreídos (Shakespeare, Marlowe) y creyentes como Milton, formado en el liberalismo puritano, estudiante de Cambridge. "Milton fue el principal exponente de la idea dinámica de la libertad cristiana que heredó de Lutero y Calvino" (Ibídem: 247). Pero los dos grandes no están lejos entre sí: "Shakespeare *es* la fuerza de Milton" (Bloom, 1996: 64). Milton inaugura la poesía moderna con declaraciones de Satanás: "No conocemos ningún momento en que no hayamos sido como ahora", y, "Ser débil es despreciable, ya sea haciendo o sufriendo" (Bloom, 1991: 30).

El surgimiento de *Macbeth* está ligado a un entorno colmado de creyentes en la brujería: "Un perspicaz hombre de negocios como Philip Henslowe recogió en su diario (...) una información que decía que si un hombre escribía determinadas palabras en un pergamino con la sangre de un murciélago y luego se lo ataba en el brazo izquierdo obtendría lo que quisiera". (Chute, 1960: 218 y 234).

Lo grotesco y lo misterioso

Aquella veta del protestantismo más cerca de la realidad y del pragmatismo, facilitaría el surgimiento de escritores adictos al Diablo y a una exploración descreída de la malignidad. Pedirle a Shakespeare una actitud moral es difícil o acaso imposible, pues como ocurrirá más tarde en Dostoievski, los personajes tienden a ser autónomos, a independizarse del autor, por lo cual resulta bastante riesgoso pretender leer en ellos la personalidad de quien los construyó. "En Shakespeare la violencia y el pecado nunca tienen este sello criminal; sus criminales son fenómenos naturales que no podrían respirar en los dramas burgueses (...) Y, sin embargo, el carácter fundamental del arte de Shakespeare es completamente naturalista" (Hauser, 1964, 1: 470).

En este contexto, las alusiones a la brujería desempeñan su papel. Fue en los comienzos del reinado de Jacobo cuando el dramaturgo descubrió en la lectura de la *Crónica de la historia escocesa* de Raphael Holinshed, la fuente inspiradora de una de sus obras fundamentales: *Macbeth*. Una tradición asegura el hecho de que Shakespeare la escribió en honor del rey, quien fue autor de numerosas poesías, de un estudio sobre los Salmos y de un tratado de demonología.

El inicio de *Macbeth*, una plática entre brujas, nos instala a mitad de camino entre este mundo y un más allá inasible. El coro de brujas pareciera definir, en una sola voz, una articulación frecuente en la incursión barroca: "Lo hermoso es feo, y lo feo es hermoso" (Acto I, Escena I). Más tarde, en el siglo XIX, el poeta Arthur Rimbaud repetiría esta visión, al comienzo de *Una temporada en el Infierno*: "Senté a la belleza en mis rodillas y la encontré horrible". En *Macbeth*, las brujas son el seudónimo del destino y sugieren, al mismo tiempo, las voces de la muerte. El espacio aéreo, ruta del Cielo, ha sido invadido por estas "hermanas fatídicas", venidas, por supuesto, de la Edad Media. La preparación de bebedizos por parte de las brujas en *Macbeth*, recuerda inevitablemente *La Celestina* (¿1499?) de Fernando de Rojas. Veamos un fragmento de las dos obras que facilita la comparación. En *La Celestina*, uno de sus personajes hace el balance de los atributos de hechicería de una bruja:

> Y en su casa hacía perfumes, falsificaba estoraques, benjuí, animes, ámbar, algalia, polvillos, almizcles (...) Hacía solimán, afeite cocido, argentadas (...) Los virgos, unos hacía de vejiga y otros curaba a punto (...) Tenía huesos de corazón de ciervo, lengua de víbora, cabezas de codornices, sesos de asno, tela de caballo, mantillo de niño, haba morisca, guija marina, soga de ahorcado, flor de yedra, espina de erizo, pie de tejón, granos de helecho, la piedra del nido del águila y otras mil cosas (De Rojas, 1977: 69-71).

Shakespeare, como si repitiera en *Macbeth* imágenes del escritor español, hace que las brujas, formando un colectivo siniestro, reúnan los ingredientes de un bebedizo infernal:

> Giremos alrededor de la caldera y echemos entrañas empozoñadas (...) ojos de lagartija y dedo de rana, bozo de murciélago y lengua de perro. Horquilla de víbora (...) pata de lagarto (...) Escamas de dragón, dientes de lobo, rumor de momia, gargüero y

estómago de voraz tiburón de mar salada, raíz de cicuta arrancada en las tinieblas, hígado de judío blasfemo, hiel de cabra (...) nariz de turco y labios de tártaro, dedos de un niño lanzado por su madre a un foso y estrangulado al nacer, haced la masa espesa y viscosa y añadid a nuestro caldero entrañas de tigre, como ingredientes (...) Mezclemos sangre de cerda que haya devorado sus nueve lechones con grasa exudada por la horca de un asesino, y vertámoslo todo en el fuego (Acto IV, Escena I).

Las brujas profetizan que Macbeth será *thane* (título nobiliario escocés que indica a los compañeros del rey; corresponde aproximadamente al de barón) de Cawdor y luego rey (Praz, 1975: 162).

Satán había adquirido su carácter definitivo ya en el siglo XII (Michelet, 1987: 84). Desde luego las brujas que aparecen en *La tragedia de Macbeth* son seres que tienen el diablo en el cuerpo y que ejercen su revancha frente al monopolio ejercido históricamente por la Virgen. Las brujas adquieren en esta obra un realce adivinatorio que le roba protagonismo a los poderes sobrenaturales, dueños tradicionales del destino humano. Ellas realizan las bodas de lo grotesco y lo misterioso. Una frase de Banquo acredita la sabiduría del mundo negro: "¡Cómo! ¿El diablo puede decir verdades?" (*Macbeth*, Acto I, Escena III). La presencia de esas temibles, del reino de la evanescencia, es, sin duda, un elogio tácito de la imaginación. ¿Puede una mujer fea, con barba, voladora, cabalgadora, formular predicciones? No cabe duda, porque hay en aquella obra una sabiduría que proviene de lo negro, de las tinieblas.

De este modo se naturaliza la comunicación entre lo visible y lo invisible por una vía alterna, espectral.

Aunque resulta arriesgado atribuirle posiciones concretas a Shakespeare, a partir de sus obras y personajes, hay autores que no vacilan en adjudicárselas: "El inquisidor está presente en todas las tragedias. Tan despiadado es, tan inflexible, que es fácil ver de dónde procede Yago. El demonio humano que se deleita contemplando las contorsiones de un espíritu tortura-do es parte del mismo Shakespeare. ¡Y hay críticos que declaran que Shakespeare nunca juzga! Decir esto es privarlo de un ojo" (Dover Wilson, 1968: 122).

Satán emprenderá una gran carrera animado por Lutero, quien acreditaba su excelencia; se prolongará luego en Marlowe y Shakespeare, el rey Jacobo —como lo señalamos— le hará su homenaje consagrándole un libro, cruzará por la tinta de Milton, proseguirá hasta el *Fausto* de Goethe y se detendrá —mientras avanza— en William Blake, para inducirlo a escribir: "El bien es el elemento pasivo sumiso a la razón. El mal es el activo que brota de la energía" o "La maldición fortifica; la bendición relaja" o "La Prudencia es una vieja solterona rica y fea cortejada por la Incapacidad" (Blake, 1968: 39 y 48).

Tras la conquista ibérica de las Indias, el demonio fue por la vía del miedo un instrumento de dominación colonial, con la satanización de indios, negros, judíos y mujeres, en tiempos en que el púlpito era el más poderoso medio masivo de comunicación. "A medida que avanzaba el tiempo, la imagen y el concepto del demonio se fue enraizando más en la conciencia del cristianismo. La obsesión llegó a límites desesperados

con el ascenso del Humanismo y la secularización en los siglos xv y xvi, siglos en los que Dios estuvo más amenazado
que nunca" (Borja, l998: 22 y 30).

La fe en la creación artística

Por aquellos caminos, podría pensarse que el protestantismo
llevó a Shakespeare a cierto ateísmo literario casi omnisciente, pues su religión no era otra que la obra artística. Esta experiencia interior, bien le abrió una puerta hacia una libertad
literaria soberanamente amplia, o bien le suministró una alta
dosis de desencanto. Tal desencanto habría agudizado su genio. Tal vez el renacimiento humanista se desbordaría en el
dramaturgo, a tal punto que dejó de lado la educación protestante. Y ya despojado, logró convertir la hoja escrita en su
templo visionario. Al mismo tiempo, sintiéndose desampara-
do de una benignidad sobrenatural —y también del temor a
un castigo—, tendría él, por sí mismo, que inventar el mundo,
ser el Señor de su propia obra. Y exponerse a esa condena
terrenal y posible: el riesgo de ser abandonado por la lucidez,
verdadero karma de todo escritor.

En este marco, encontramos muy justa la afirmación de llamar a Shakespeare "el canon occidental" (Bloom, 1996: 86).
Tampoco debe descuidarse, para completar este cuadro del
dramaturgo despojado, que fue influido por el grotesco corporal de Rabelais, por el escéptico Montaigne y por la racionalidad feroz de Maquiavelo. Ya mencionamos a sus socios
ateos. El padre de Shakespeare era católico, lo cual, con el
tiempo, originó conjeturas en relación con las creencias de su

hijo. "Samuel Ireland consiguió apaciguar los ánimos de los ingleses al revelar un 'Testamento espiritual' supuestamente de puño y letra de Shakespeare, en el que se demostraba que, fueran cuales fueran las creencias de su padre, el dramaturgo había permanecido fiel al anglicanismo" (Bate, 2000: 123).

Bloom nos auxilia, cuando escribe que "Aunque a G. K. Chesterton le gustaba pensar que Shakespeare fue un católico, por lo menos en espíritu, era demasiado buen crítico para localizar en la cristiandad el universalismo de Shakespeare" (Bloom, 2001: 30). La discusión sobre los orígenes del genio del dramaturgo resulta tentadora —entendiendo por genio, en el marco de la inteligencia marginal pagana de esa época, más allá del desbordamiento del talento, la aptitud para liberarse de toda ideología, hasta encontrar un agudo centro despojado en sí mismo—. Bloom señala a Hamlet como "un libre artista de sí mismo" (Bloom, 1996: 83).

"Leyendo a Shakespeare puedo sacar en claro que no le gustaban los abogados, que prefería beber a comer, y evidentemente que le atraían ambos sexos. Pero sin duda no tengo ningún indicio sobre si favorecía al protestantismo o al catolicismo o a ninguno de los dos, y no sé si creía o descreía en Dios o en la resurrección" (Bloom, 2001: 29). Así confirmaríamos, tal vez, que Shakespeare se sitúa por fuera de toda creencia pues, desde sus obras, no resulta comprobable su fe en nada, salvo en la creación artística. No se olvide que, en general, el devoto consecuente de una religión, occidental u oriental, jamás niega su creencia ni se coloca públicamente por fuera de ella, no sólo por la lealtad que toda fe impone y exige, sino porque esa confesión devota busca, en sí misma, ser expansiva en el empeño de adoctrinar o transformar a los otros. Desde la Reforma y la Contrarreforma, la misión, por distintas vías religiosas, protestantes o católicas, ha sido conmover y convencer por medio de la acción proselitista.

Pasiones y luchas de una época

Shakespeare no busca clientela religiosa sino, tal vez, pacientes literarios, que —paradoja barroca—, con su lectura jamás convalecerán, pero respirarán más profundo. ¿Y su actitud frente a la sexualidad? "¿Y si las páginas de Shakespeare pululan de dobles sentidos obscenos y crípticas alusiones eróticas, como puede demostrarse, no habrá que deducir una preocupación subconsciente por lo que es inmoral y enfermizo y no habrá que rever la opinión superficial que ve en Shakespeare a un poeta imperturbablemente sano o a un *Christlike*, para emplear el curioso epíteto de Caroline Spurgeon?" (Praz, 1975: 180).

¿No logran sus obras, acaso, atizar la cuota de locura que hay en cada hombre? ¿No son el nuevo triunfo cifrado de Erasmo de Rotterdam? Recordemos que la locura de Erasmo es una de las más altas y agudas formas de la inconformidad. Entonces había locos de muy variada estirpe. No todos lúcidos, por supuesto. Algunos, mientras más nobles, más desquiciados. Los dramas de Shakespeare son un reflejo de las pasiones y las luchas de la época: "la voluntad de poder de los reyes, de los señores feudales y de los altos eclesiásticos; el Estado como concentración de la voluntad de poder en un monarca, la resistencia de los grandes señores, la lucha dinástica entre los York y los Lancaster, la guerra con Francia por las provincias continentales, la lucha con la Iglesia papal por su dominio en Inglaterra" (Dilthey, 1997: 77)

Hay obras de gran resonancia religiosa, sin que reine una religión concreta. *Hamlet* por ejemplo. Esta obra nos insinúa que la muerte es el verdadero origen de todos los significados. La plática o monólogo de Hamlet príncipe con las calaveras —a que ya aludimos— es, en verdad, un diálogo cifrado con el tiempo y la historia. El sentido justiciero tendrá una presencia misteriosa: será una sombra. Una sombra que habla. Tal vez, a lo largo de su obra Shakespeare no quiera convencernos de nada, salvo de que somos indeciblemente humanos. Es decir, que estamos lejos de todo modelo sobrenatural. Shakespeare, como ya lo sugeríamos, hace regresar de ultratumba a Hamlet en forma de sombra, tal vez porque no habiendo una justicia sobrenatural en el contexto tácito de la obra, debe hacerlo el soberano muerto, animando la mano vengativa de su hijo. La venganza: única Arcadia. Y su autor intelectual es una sombra. El rey ejerce el poder desde la sombra. "*Hamlet* es más que una obra de locura o indecisión. Es una obra fundamentalmente política, porque la lucha por el poder centra y polariza su universo dramático. En ella asistimos a un abierto enfrentamiento por el poder en un estado corrupto y agonizante" (González, 1993: 87).

El antiguo rey asesinado, como dijimos, no regresa de un definido espacio sobrenatural, regresa simplemente del país de la muerte. El más allá es, apenas, una rústica fosa. Así las cosas, el Juicio final nos resulta degradado: apenas lo preside pragmáticamente el vulgar sepulturero. Las lecciones trascendentales y tradicionales sobre la muerte pierden vigor. "Precisamente porque Shakespeare no oculta nada y no condena nada (porque es algo tan profundamente distinto de un predicador o de un maestro de escuela) los jóvenes de entonces y los jóvenes de ahora se sienten a salvo con él" (Dover Wilson, 1968: 60). Entonces, el espectador asistía a la representación de su propia realidad: "Vida y teatro conformaban un todo en la época isabelina, porque lo teatral no era sino reflejo de lo real" (González, 1993: 53-54).

La representación de una sociedad en crisis

Es destacable que Shakespeare haya escrito obras con el ánimo de influir en la realidad inmediata. "El prólogo del último acto [*Enrique* v] cifra las esperanzas en el próximo retorno del Conde de Essex de Irlanda, una vez sofocada la rebelión, y el encargado de recitarlo suplica al público que se imagine una multitud aún mucho más nutrida aguardando a Enrique [héroe popular] para darle la bienvenida (...) La costumbre de presentar personas reales en las tablas imperaba bastante en los reinados de Isabel y de Jacobo (...) En ocasión de llevarse a los tribunales londinenses un quebrantamiento de promesa de matrimonio en el invierno de 1603, uno de los principales interesados pagó una importante suma a George Chapman para poner en escena el lance, con los principales protagonistas ligeramente encubiertos, al objeto de ganar el pleito ridiculizando a la oposición" (Chute, 1960: 189 y 235). Shakespeare ejecuta una lectura teatral de la historia, rebasando la simple reproducción argumental, para construir su propia interpretación, no exenta de provocaciones, sobre una sociedad en crisis (González, 1993: 83).

Al iniciarse la guerra civil, en 1642, los teatros fueron cerrados, y sólo hasta 1660, restaurada la dinastía de los Estuardo, se lograrían abrir de nuevo. Los puritanos preferían que los teatros estuvieran clausurados. "La doctrina puritana, con su énfasis en el trabajo intensivo y en la libertad de pensamiento, llamó poderosamente la atención de la respetable clase media" (Chute, 1960: 240). En tiempos de Isabel no se ahorraba esfuerzo para criticar públicamente a los enemigos del gobierno: "La dramaturgia al servicio de la ideología dominante será moneda corriente en la Inglaterra del siglo XVI. Las obras denunciarán al Papado, a los clérigos rebeldes al anglicanismo, la resistencia de Escocia, la religión católica..." (Oliva, 1997:144). Pero cuando Jacobo ascendió al trono, el partido puritano ya se había tomado la mayoría del Parlamento. Cultivaban la paradoja: al tiempo que negaban el derecho divino de los reyes y afirmaban la dignidad de la conciencia individual, repudiaban el arte escénico. "Cuando el Rey Jacobo ocupó el trono, Shakespeare dominaba todos los recursos de la escena y del arte del lenguaje" (Chute, 1960: 232 y 241).

El duelo entre el cerebro y el corazón

Con la construcción de personajes dotados de una sólida individualidad (Hamlet, Cleopatra, Falstaff, Shylock...) Shakespeare abre el camino hacia la futura victoria del Romanticismo. Hay exclamaciones emblemáticas que parecieran anticipar a Herder —a la democracia y al socialismo—, y encerrar toda la ilusión romántica, como aquella de Bruto, en *Julio César*, a favor del pueblo y contra toda tiranía: "¡Oh, Roma! Te lo prometo. ¡Si ha de ser para recobrar tu libertad, obtendrás de la mano de Bruto cuanto le pides! (...) ¡No, nada de juramentos! ¡Si la cara de los hombres, el sufrimiento de nuestras almas, los abusos del presente, no son motivos bastante poderosos [para liquidar al tirano, César, y a su cómplice Marco Antonio], separémonos aquí mismo y vuelva cada cual al ocioso descanso de su lecho! (...) ¿qué necesidad tenemos de otro acicate que nuestra propia causa para decidirnos a hacer justicia?" (Acto II, Escena I).

El poeta Cina celebra la muerte de César con palabras que anticipan ideales de la Revolución Francesa: "¡Libertad! ¡Independencia! ¡La tiranía ha muerto! ¡Corred, proclamadlo, pregonadlo por las calles!". Y Casio lo reafirma con palabras que añade y que sugieren un sentido anticolonial: "¡Que suban algunos a las tribunas populares y griten: 'Libertad, independencia y emancipación' " (Acto III, Escena I). Luego Bruto agregará la palabra "Paz". La mayor condena literaria que hallamos en páginas del dramaturgo ocurre, en la obra aludida, cuando un ciudadano —que representa a la multitud—, pide a voz en cuello, sobre el mencionado Cina, el poeta: "¡Desgarradle por sus malos versos! ¡Desgarradle por sus malos versos!" (Acto III, Escena III). Luego el poeta sería descuartizado. Este crimen responde simbólicamente a una ética profunda y a un proceso de purificación: la exigencia de no traicionar al lector y de no presumir que se escribe bien, cuando se escribe mal.

Calfurnia, avisada por la vía del presagio, en sueños, del asesinato de su esposo, César —sensible a supersticiones y augurios—, ofrece indudables sugerencias románticas: terror, onirismo adivinador, muerte... Suponemos que las supersticiones son el lenguaje cifrado de los dioses. El anticipo del asesinato de César puede leerse en el aviso mágico. Dice Calfurnia: "¡César, jamás reparé en presagios; pero ahora me asustan! (...) Una leona ha parido en medio de la calle, y las tumbas se han entreabierto y vomitado a sus difuntos! ¡Guerreros feroces combatían encolerizados entre las nubes en filas y escuadrones y en exacta formación militar, haciendo lloviznar sangre sobre el Capitolio! ¡El fragor de la lucha atronaba los aires, y se oía el relinchar de los caballos, y el estertor de los moribundos, y los gritos y alaridos que daban en la calle los espectros! ¡Oh César! Estas son cosas inusitadas y me infunden pavor!" (Acto II, Escena II).

Los elementos prerrománticos que habitan las obras de Shakespeare son numerosos, veamos el balance de algunos: las presencias fantasmagóricas, el idealismo amoroso, la intuición adivinatoria, la apología del espíritu aventurero, el fervor por la búsqueda de la libertad, el corazón como músculo omnisciente, el tributo a los cuentos de hadas, el presagio como oráculo, el cuerpo elevado al rango de lo misterioso o la pasión corporal como una dignidad, la imaginación sensible en calidad de consejera, la congoja al servicio de la alegría, la alegría al servicio de la congoja, la certeza de un más allá justiciero habitado por los dioses, las lecturas de lo invisible, el reinado de las sombras, la consagración emblemática de la muerte, el desciframiento del destino por medio de la naturaleza, el sueño en calidad de mensajero, la creencia en el poder mágico de los brebajes y hechicerías, la soberanía de las brujas, el poder sugerente del silencio, la deificación de la mujer, la igualación de la mujer con el hombre o, a veces, su superación, el coro como eco de una pluralidad colectiva, la esperanza de reconstruir y mejorar la historia por medio del drama, el patetismo como majestad, la fascinación por el delirio, el forcejeo entre la razón y las pasiones, el sentimentalismo como cartografía existencial, la imantación hacia los astros, el clima como artífice de estados de ánimo, la valentía con la espada y sin ella, la lealtad sentimental a una causa, la seducción como profesión o como actividad vital, el culto de la virtud, medio para ganar el Cielo, el acariciar sostenidamente el lenguaje por virtud de una solemnidad aristocrática capaz de ejercer la autocrítica, el cruce de géneros, el utilizar versos para enamorar, el papel de los intermediarios en las conquistas amorosas, el hombre que se viste de mujer, la mujer que se viste de hombre, el ennoblecimiento de la crueldad...

El elogio de la razón

Hallamos numerosas manifestaciones que tienden a afirmar y negar fuerzas prerrománticas, entre las cuales mencionamos, en primer lugar, la tendencia de Shakespeare a aprovechar la historia, aunque con alteraciones en función de la eficacia dramática. Al apropiarse de la historia se aleja de ella y al dejarla fluir, se atiene a la experiencia. Afirmaciones de algunos personajes nos ilustran sobre una propuesta vecina del realismo. Sir Tobías afirma: "Tengo la certeza de que el sentimiento es un enemigo de la vida" (*Noche de epifanía o lo que queráis*) (Acto I, Escena III). Norfolk, en *Enrique* VIII, invita a cuidarse de subjetivizar la experiencia: "Sed prudente, no encendáis para vuestro adversario una hoguera tan viva que os abrase a vos mismo; por un exceso de velocidad podemos ir más allá del objeto alrededor del cual corremos y perderlo al rebasarlo". (Acto I, Escena I). Brabancio, en *Otelo*, defiende la Naturaleza contra la brujería (Acto I, Escena III). Y en la misma obra, Yago matiza: "Sabes que obramos por ingenio y no por brujería" (Acto II, Escena III).

El elogio de la razón aparece de diversas formas. Veamos una, sospechosa por venir del cínico Yago, más coherente en su argumentación: "Si la balanza de nuestras existencias no tuviera un platillo de razón para equilibrarse con otro de sensualidad, la sangre y bajeza de nuestros instintos nos llevaría a las consecuencias más absurdas. Pero poseemos la razón para templar nuestros movimientos de furia, nuestros aguijones carnales, nuestros apetitos sin freno" (*Otelo*, Acto I, Escena III). La expresividad crítica se hace notable en una declaración de Emilia: "Ni en un año ni en dos se nos muestra un hombre. No son todos más que estómagos, y nosotras tan sólo su alimento. Nos comen glotonamente, y cuando están saciados, nos vomitan" (*Otelo*, Acto III, Escena IV). Y hay un tipo de racionalidad demencial que conduce, por atajos inusuales, a la verdad, como cuando Hamlet exclama: "Mi razón está enferma" (Acto III, Escena II). Esta "enfermedad" es una ironía y una metáfora: significa que por la vía de la locura se llega más pronta y seguramente a averiguar la causa escondida de los hechos. Es decir, la locura renacentista oculta ya una racionalidad profunda, ya una nueva razón ligada a la intuición sensible y adivinatoria.

Para una estética de lo sublime

William Shakespeare modificó la percepción de lo sublime: en su obra está sugerida y contenida una estética del horror. El dolor se convierte en prolongación del placer; lo sublime deja de ser una abstracción, un ideal, y se convierte en emoción, en experiencia de los sentidos. Como decíamos, el cuerpo es reinventado: lo que antes era definitivamente impalpable, por ser ideal, ahora se hace visible por virtud de un lenguaje y una mirada descabelladamente persuasiva, y la propuesta de una gestualidad corpórea endemoniada, capaz de contener y expresar lo invisible. Así, lo sublime adquiere una dimensión moderna. El *pathos*, asimismo, se redimensiona por medio de la exageración, naturalizando el pavor y emprendiendo el viaje en las alas del lenguaje, más allá de la catarsis. John Keats escribiría que "Shakespeare vivió una vida de alegorías: sus obras son el comentario de ella".

Con Shakespeare ya no basta producir piedad o terror en el espectador. Gracias al barroco la realidad se convierte en abismo sin fondo. El vacío adquiere un sentido múltiple. Así, el espejo de las apariencias queda destruido para siempre.

¿Cómo explicar en su obra los intensos silencios? En el dramaturgo, la exploración humana se orienta a organizar la destrucción, mostrando que los sentimientos no son uniformes y que un hombre puede ser sublime y malvado a la vez, y que la pureza puede ser, ya el ropaje, ya una forma de la decrepitud. William Shakespeare es la liberación de la conciencia secuestrada.

Obras del personaje

Obras dramáticas

Trabajos de amor perdidos
Los dos hidalgos de Verona
La comedia de las equivocaciones
La tragedia de Romeo y Julieta
La vida y muerte del rey Juan
El rey Ricardo II
La primera parte del rey Enrique IV
La segunda parte del rey Enrique IV
La vida del rey Enrique V
La primera parte del rey Enrique VI
La segunda parte del rey Enrique VI
La tercera parte del rey Enrique VI
La tragedia de Ricardo III
La famosa historia de la vida del rey Enrique VIII
Tito Andrónico
Sueño de una noche de verano
A buen fin no hay mal principio
La doma de la bravía
El mercader de Venecia
Las alegres casadas de Windsor
Mucho ruido y pocas nueces

A vuestro gusto
Noche de Epifanía o lo que queráis
Julio César
Hamlet, príncipe de Dinamarca
Troilo y Cressida
Otelo, el moro de Venecia
Medida por medida
La tragedia de Macbeth
El rey Lear
Timón de Atenas
Pericles, príncipe de Tiro
Antonio y Cleopatra
Coriolano
Cimbelino
El cuento de invierno
La tempestad

Obras líricas

Venus y Adonis
La violación de Lucrecia
Querellas de una amante
El peregrino apasionado
Sonetos para diferentes aires de música
El fénix y la tórtola
Sonetos

Bibliografía general

Andrés El Capellán, *Tratado del amor cortés*, Porrúa, México, 1992.

Astrana Marín, Luis, *William Shakespeare*, Aguilar, Madrid, 1930.

————, Prólogo, en: William Shakespeare, *Obras*, Aguilar, Madrid, 1961.

Bate, Jonathan, *El genio de Shakespeare*, Espasa Calpe, Madrid, 2000.

Bajtín, M. M., *Estética de la creación verbal*, Siglo xxi, México, 1998.

Blake, William, *El matrimonio del Cielo y del Infierno*, Mediodía, Buenos Aires, 1968.

Bloom, Harold, *La angustia de las influencias*, Monte Ávila, Caracas, 1991.

————, *El canon occidental*, Anagrama, Barcelona, 1996.

————, *Shakespeare, la invención de lo humano*, Norma, Bogotá, 2001.

Bregazzi, Josephine, *Shakespeare y el teatro renacentista inglés*, Alianza, Madrid, 1999.

Borja Gómez, Jaime Humberto, *Rostros y rastros del demonio en la Nueva Granada*, Ariel Historia, Santafé de Bogotá, 1998.

Caramés Lage, J. L., "*Macbeth*: el viaje simbólico del caos", en: Rafael Portillo, *Estudios literarios ingleses. Shakespeare y el teatro de su época*, Cátedra, Madrid, 1987.

Chute, Marchette, *Shakespeare y su época*, Juventud, Barcelona, 1960.

De Rojas, Fernando, *La Celestina*, Aguilar, México, 1977.

Dilthey, Wilhelm, "Los dramas históricos de Shakespeare", en: *Obras*, vol. IX, Fondo de Cultura Económica, México, 1997.

Dover Wilson, John, *El verdadero Shakespeare. Un aventura biográfica*, EUDEBA, Buenos Aires, 1968.

Drinkwater, John, *Shakespeare*, Collier Books, Nueva York, 1962.

Ducheim, Michel, *Isabel I de Inglaterra*, Vergara, Buenos Aires, 1994.

Emerson, R. W., *Hombres simbólicos*, Tor, Buenos Aires, 1956.

Espina, Antonio, *Shakespeare*, Compañía Bibliográfica Española, Madrid, 1962.

Foucault, Michel, *Historia de la locura en la época clásica*, vol. I, Fondo de Cultura Económica, México, 1982.

Girard, René, *Shakespeare. Los fuegos de la envidia*, Anagrama, Barcelona, 1995.

George, Margaret, *María, reina de Escocia*, Zeta, Barcelona, 2001.

González, José Manuel, *El teatro de William Shakespeare hoy*, Montesinos, Barcelona, 1993.

Halliday, F. E., *Shakespeare. Biografía ilustrada,* Destino, Barcelona, 1964.

———, *Shakespeare,* Salvat, Barcelona, 1985.

Harris, Frank, *El hombre Shakespeare y su vida trágica,* Losada, Buenos Aires, 1947.

Hauser, Arnold, *Historia social de la literatura y el arte,* vol. 1, Guadarrama, Madrid, 1964.

Johnson, Samuel, *Vidas de los poetas ingleses,* Cátedra, Madrid, 1998.

Jonvet, Jean, *Shakespeare, un hombre solitario,* Plaza & Janés, Barcelona, 1964.

Joyce, James, *Ulises,* Rueda, Buenos Aires, 1974.

Knight, Wilson G., *Shakespeare y sus tragedias. La rueda de fuego,* Fondo de Cultura Económico, México, 1979.

Lings, Martín, *El secreto de Shakespeare,* Ediciones de la Tradición Unánime, Barcelona, 1988.

Luque Muñoz, Henry, "Dos formas del delirio: barroco y romanticismo", en Revista *Gaceta,* Colcultura N° 20, Bogotá, 1993.

Lutero, Martin, *Obras,* Sígueme, Salamanca, 2001.

Marlowe, Christopher, *La trágica historia de la vida y muerte del doctor Fausto,* Cátedra, Madrid, 2001.

Maquiavelo, Nicolás, *El príncipe* [estudio preliminar: Ana Martínez Arancón; traducción: Helena Puigdomenech], Rey Andes, Santafé de Bogotá, 1995.

Melian Lafinur, Luis, *Las mujeres de Shakespeare,* Barreiro y Ramos, Montevideo, 1965.

Michelet, Jules, *La bruja*, Akal, Madrid, 1987.

Oliva, César y Torres Monreal, Francisco, *Historia básica del arte escénico*, Cátedra, Madrid, 1997.

Oroz Reta, José y Manuel A. Marcos Casquero, *Lírica latina medieval*, vol. 1 [edición bilingüe], Biblioteca de Autores Cristianos, Madrid, 1995.

Portillo, Rafael (ed.), *Estudios literarios ingleses. Shakespeare y el teatro de su época*, Cátedra, Madrid, 1987.

Praz, Mario, *La literatura inglesa. De la Edad Media al Iluminismo*, Losada, Buenos Aires, 1975.

——, *La literatura inglesa. Del romanticismo al siglo XX*, Losada, Buenos Aires, 1976.

Raurich, Héctor, *De la crítica como creación*, Marymar, Buenos Aires, 1965.

Shakespeare, William [prólogo y traducción: Luis Astrana Marín], *Obras completas*, Aguilar, Madrid, 1961.

——, *Sonetos* [edición bilingüe], Hiperion, Madrid.

Shewmaker, Eugene F., *Shakespeare's Language*, Checkmark Books, Nueva York, 1999.

Hugo, Victor, *William Shakespeare* [1864], Sempere, Valencia, 1909.

Weber, Max, *La ética protestante y el espíritu del capitalismo*, Coyoacán, México, 1999.

Wilde, Óscar, *Obras completas*, tomo III, Hachette, Buenos Aires, 1946.

Sumario

Este libro se terminó de imprimir en el mes de noviembre
del año 2004 en los talleres bogotanos
de Panamericana Formas e Impresos S.A.
En su composición se utilizaron tipos
Sabon, Bodoni Poster y Akzidens Grotesk
de la casa Adobe.